古田武彦
歴史への探究
3

現代を読み解く歴史観

古田武彦［著］
古田武彦と古代史を研究する会［編］

ミネルヴァ書房

「論理の導くところ」――新しいシリーズに寄せて

青年の日、わたしは聞いた。「論理の導くところへ行こうではないか。たとえそれがいかなるところに到ろうとも。」と。この一言がわたしの生涯を決定した。

ところは、広島。あの原爆投下の前、一九四三年（昭和十八）、皆実町の旧制広島高校の教室の中である。岡田甫《はじめ》先生はこの一言を、黒板一杯に大きく書かれた。そしてコツコツと生徒の席の間をゆっくりと歩いてゆき、わたしたちに問いかけた。「この中で、一番大事なところはどこか、分るかい。」みんな、沈黙していた。先生は、その沈黙を見定めるようにして言葉を継がれた。「たとえそれがいかなるところに到ろうとも、だよ。」と。そのときは、もとの教壇へ帰っていた。その黒板の最後には、「ソクラテス」と書かれている。

後日、調べてみたけれど、プラトン全集には、直接このままの表現はなかった。先生が全集の中の師弟の対話篇の中から、その真髄を趣意されたのである。まとめたのである。それはどこか。もちろん、あの『ソクラテスの弁明』だ。わたしの生涯の、無上の愛読書である。

だから、一冊の本から「抜き書き」して引用したのではない。己がいのちを懸けて、真実を未来の人類に向けて静かに語りかけて、ためらうことなく死刑の判決を受け入れて死んでいった、そのソクラテスの精神を、右の一言として表現したのであった。

やがて広島を襲った、一九四五年の原爆も、この一言から脱れることはできなかった。誰が投下したのか。誰が被害を受けたのか。彼等が人類の悠大な歴史の中で下される、真実の審判は何か。ソクラテスはすでにそれを見通していた。未来の人類に警告したのだ。

それはわたしの生涯をも決定した。学問のありかたをハッキリとしめしたのである。いかなる地上の権力も、「時」の前では空しいのである。それは倫理（「道義」と改称）の一時間の教育、忘れることができない。

二〇一三年一月

古田武彦

はしがき

明治維新以来、日本国民の脳裏を呪縛してきた一語がある。「万世一系」この四文字である。大日本帝国憲法(いわゆる明治憲法)の第一章天皇の第一条に「大日本帝国ハ万世一系ノ天皇之ヲ統治ス」とあるのは〝出色の文面〟として周知だけれど、明治以来、大正・昭和を通じて、節目《ふしめ》をなす詔勅(開戦の詔勅等)には、必ずこの一語が用いられてきた。

さすがに、昭和二十一年十一月三日に成立した日本国憲法(いわゆる新憲法)には、この四文字は出現してはいないけれど、その中核をなす「象徴」としての天皇のポジションの背後に、同じく右の「万世一系」の後光が「黙約」のように存在したこと、到底疑いえないであろう。

しかし、この四文字が果して日本の歴史の真相を突いているか、と問われれば、遺憾ながら、明白に「否(ノウ)」の一語を以て答える他はないのである。

その証跡は少なくない。すでに『俾弥呼《ひみか》』(日本評伝選、ミネルヴァ書房)において詳説したところだけれど、その要点を個条書きすれば、

第一、日本書紀の武烈紀で武烈天皇の悪逆を数多く羅列しているのは、その武烈以前の王朝と現在(八世紀)の王朝との「断絶」を強調する以外の何者でもない。すなわち継体以後の新王朝との「非、一系」の明示である。それが日本書紀成立時の元明天皇の王朝との落差である。

第二、記紀を通じて一貫してきた「二倍年暦」が、古事記の継体記から突如「一倍年暦」へと激変していること、「時」表現の一変である。

第三、古事記本文の叙述者は、同じ古事記上巻末の「五百八十歳」という「襲名系図」に対する認識がない。

第四、真の断絶は「七〇一」であり、それは「評と郡」の転換点となっている。その九州から関東に至る「評督群」の上部単位の「都督」は「筑紫都督府」である。

以上、いずれを見ても、「万世一系」とは程遠いのが史料事実である。

以上の矛盾を決定的とするのは「日出ず（づ）る処の天子云々」の「名文句」が、隋書では（妻子をもつ）男性の多利思北孤（たりしほこ）を以て女性の推古天皇と「同一人」とせざるをえない。この一点に尽きる。

この絶対矛盾を大前提として、明治維新から現在に至る「学界の定説」や「教科書」や「大メディア」の叙述がすべて支配されている。

これと共通の論理構造をもつもの、それは「原水爆」と「原発」問題だ。その害毒は数十万年以上、この地球を害しつづけることが知られている。けれども、それを「知らぬ」げにして、政治家や経済人や学者たちの多くが、これらの「肯定」、そして「維持」を〝現実的〟と称しているのである。各宗教の権威者たちも、これらに対して決定的な「否（ノウ）」を表示することがない。人間の思惟や行動のすべてを「支配」し、「領導」すべき役割を放棄しているのである。

従来の宗教的創始者たちは、「原水爆」や「原発」の存在を知らなかった。それゆえ、釈迦も、孔子も、イエスも、マホメットも、これについて「直言」することがなかったのである。それらの宗教はもはや「賞味期限がすぎた」のである。それゆえ、それらの宗教の後継者たちは、このテーマに対する「明白な回答」を発しない。すなわち、政治や経済や教育等の各界の人々の「空気」に〝こびて〟いるのである。すなわち、「人類の未来に対する敵」と化しているのである。
一大矛盾を抱きつつ、「宗教」を名乗ることは許されない。

平成二十四年十一月三十日

古田武彦

現代を読み解く歴史観

目次

第三篇　永遠平和のために……253

第一篇　現代を読み解く歴史観

国家の選挙

一

嵐山の紅葉も、もう過ぎた。今年は天候の不順で、今を盛りの日々がなかった。いや、少なかったようである。

おくれながらの、その山々。私の住む、京の西山、長岡丘陵から見れば、東端に当たる一帯。この細道を散策しながら、私は考えにふけっていた。

他人《ひと》は、年寄りの冷や水と嘲笑《わら》うかもしれないけれど、一老人からの率直な問いは、場合によっては「スフィンクスの問い」にも似たものであるかもしれぬ。思えば、あのソクラテスも、わたしより約六歳若い、ヨーロッパ大陸の東隅の「一老人」にすぎなかったのであるから。

二

先日（二〇〇三年十一月九日）、選挙があった。わが国衆議院議員の選挙である。「マニフェスト選挙」などと言われ、各党が日本国民に対する「公約」を競った。結果は、野党の民主党の躍進と報じられたけれど、同時に自民党、公明党などの与党が「絶対多数」を保持するという、いわば〝予想通り〟の結果だった。社民党や、共産党は惨敗したという。

しかしわたしには、そのような「結果」に関心はない。十分な関心が持てないのである。なぜなら、そこには「選択」が存在しないからである。それは、何の「選択」か。無論、「歴史の選択」だ。日本国家の成立、という歴史に関する選択である。

これに対し、「選挙は現代の政治と政策のあり方を問うためのものなのだ。歴史など、関係がない。まして古代史など、選択の外だ。」そのように反論する人々があろう。そのような反論の声は、百も承知だ。何一つ、錯覚はない。だが、本当にそうだろうか。

では、政治とは何だろう。それは国家にかかわるものではないか。この問いに対しては、誰人も「イエス」と答える他ないのではあるまいか。わたしにはそう思われる。

では次に、国家とは何だろう。それは歴史とは無縁のものだろうか。昨日、今日できたばかりの政治組織、それを国家と呼ぶのだろうか。反体制そのもののような革命激発の〝落とし子〟でもない限り、「歴史と無縁の国家」などというものはありえないのではあるまいか。

否、どんな〝落とし子〟であっても、それを「歴史と無縁」と見るのは、皮相の観察、表面の判断に過ぎない。そのような「激発」を呼んだ原因が、その「歴史」に蔵されていること、当然だ。その上、深く観察すれば、その〝落とし子〟そのものにも、「深刻な歴史の刻印」が十二分に印刻されているはずだ。なぜなら「国家」や「反国家」の、そのすべてが、限りなく歴史的存在であること、明白だからである。わたしにはそう思われる。

三

わたしの言いたいのは、こうだ。国家は、みずからの歴史によって、その存在意義をもつ。「歴史抜きの国家」など、単なる行政組織にすぎない。国民の「忠誠」の対象などにはなりえない。まして「いのち」を託すべき存在などとは、なりえないこと、当然である。

選挙がすんで、早速、痛ましい事件が報じられた。イラクにおける、年若き二人の外交官の死である。外交官という、国の「命《めい》」に殉じた死であること、疑いがない。

今後、さらに、自衛隊のイラク派遣ともなれば、当方の「望む」と「望まざる」とにかかわらず、このような「国命に殉ずる死」は一人、二人、三人と、次々その数を増してゆくことであろう。そのような「命《めい》」を発する国とは、何か。果たして「歴史抜きの行政組織」なのか。それでは「命を捧ぐる」に足りぬ。そう思うのは、わたしだけだろうか。やはり、国家とは、単なる「行政組織」以上のもの、「歴史を背景に持つ」厳然たる存在でなければならない。わたしにはそう思われるのである。

四

明治維新以降の「歴史」、それは〝偽りの歴史〟〝欺瞞の歴史〟である。すなわち、明治以降の国家は、〝虚瞞の国家〟であった。――不幸ながら、わたしにはそのように断ずる他はないのである。

なぜなら、明治維新における「錦の御旗」の中心におかれたもの、それは「天皇制」だった。周知のところだ。

その「天皇制」を〝立証〟するために、「国史学」が講じられた。東京帝国大学の教授となった栗田寛は、「水戸学」の伝統に立った。そして「反天皇」や「非天皇」の要因はすべて「歴史」の中から排除されたのである。

かえりみれば、江戸時代には、人々の「認識」は、まだ〝健全〟だった。たとえば新井白石、あの著名の幕府の政治家にして歴史家。彼は水戸藩内の彰考館に対して「問い合わせ」の手紙を出しているという。それはいわゆる「九州年号」に関する〝問い合わせ〟だった。無論、いわゆる「水戸学」には、これを受け容《い》れる〝度量〟はない。「天皇中心の国史学」が、その生命にして眼目だったからである。

白石はもちろん、それを知っていた。知った上で、あえて〝問い合わせ〟の書簡を寄せた。

「貴家の、打ち建てている歴史学では、理解しがたい問題があるのではないか。」との問いであろう。

白石は、九州の中に「年号を持つ」べき王権、ハッキリ言えば〝天皇家に先在する中心王朝〟の存在を〝予感〟していたのではあるまいか。それでなければ、わざわざ逆の歴史観の持ち主であることの自明な、彰考館に対して、このような書簡を送りはしないであろう。

しかし、彰考館はその「問い」を無視したようである。「白石書簡」(案文か)は残されているけれど、彰考館側からの「回答書簡」は残されていない。

そして明治維新のあと、水戸学の「申し子」たる栗田寛は、「天皇家中心史観」の国史を以って東京帝国大学の中心柱とした。そして明治初期には、なお〝保持〟されていた、「九州年号」関係の記事を全く抹殺してしまったのである。

右の新井白石の書簡について、わたしは古賀達也さん(「古田史学の会」)の研究によってこれを教えていただいた。

有名な、白石の「邪馬台国、九州」説、すなわち「筑後山門」説は、右のような白石の歴史思惟の潮流の上にあったのだ。これに対し、現代の研究史の学者たちは、「白石の思惟の全体」を切り捨て、「筑後山門」という一点のみを「断章取義」して利用してきたにすぎなかったのである。

わたしは嵐山の枯葉と紅葉の道を辿りながら、深い歎息を吐かざるをえなかった。

五

戦争中、多くの日本人は死んでいった。兵士は戦場で。一般人は町の中で。それらの犠牲は、思い出すにもいたましい。わたしの少年時代、そして青年時代である。

けれどもその人々の「死」を悼み、無駄にせぬとは、決して「敗戦前の国史大系」を美化することではない。天皇家の祖先が天からこの地上へ降りて来られた、などという、荒唐無稽の歴史を「再認」することではない。当然のことだ。

同じく、二人の外交官の「死」や今後の自衛隊の（不幸なる）「死」を〝無駄にせぬ〟ために、と称して、「明治維新」以降、そして「敗戦後」も生き続けている「虚妄の歴史」を〝守りつづけ〟てはならない。それは逆に、その人々の「死」に対する〝侮辱〟である。

「歴史」を正しい歴史に返す。「象徴」などという〝アメリカ原産〟の「偽妄の言葉」によって飾り立てず、真実の歴史、多元の真実の歴史を、国家の認識として打ち建てる。これ以外の道はない。

言いかえれば、「七〇一」以前は九州王朝。筑紫（福岡県）を中心とする王朝だ。白村江の戦以後、唐の「占領」軍が筑紫にくりかえし、来訪した。大和にあった勢力（近畿天皇家）はこれに協力し、そのため「七〇一」以後、晴れて「中心の権力者」となった。これが歴史の実像である。「君が代」も、その中で、その「九州王朝」の中で生まれた。明治以後、明治維新の新国家がこれを転用した。ハッキリ言えば、「盗用」したのであった。これが歴史の真相である。

現代の選挙は「オール与党」の選挙である。「天皇中心の国史」という、栗田寛によって〝偽置〟された「水戸学」風味の〝偽りの歴史〟の支持者たちの〝寄り集り〟である。どの政党を見ても、他の選択肢は全くない。全く、影すらないのである。

そのような「コップの中の選挙」、それをあたかも〝民主主義〟であるかのように、人は「呼号」しているだけなのである。そのような「偽りの歴史」と「偽りの国家」の下で、「国の命」に殉ずる若者の〝いのち〟は不幸なるかな。真にいたむべきは、その一事である。

「国家はアヘンである。」わたしはそうつぶやきつつ、嵐山のふもとの、トップリと暮れゆく空の下で、ひとり帰途についた。夜である。

二〇〇三年十二月九日　記了

(「閑中月記」第二七回、『東京古田会ニュース』第九四号)

角川文庫

一

速達便がとどいた。小包のようだ、重い。奥田浩さんからである。この方とは、今年の六月六日にお会いして、名刺をいただいた。「古田史学の会」創立一〇周年記念の講演のさいである。七月二十五日の東京古田会の講演「百問百答」にも来ておられた。

お便りを読むうちに、胸を突かれた。

奥田さんは鳥取県鳥取市の出身。一九七九年（昭和五十四）三月に大学受験のために京都の予備校に通っておられた。法然院近くの哲学の道のそばに下宿があり、銀閣寺・永観堂・真如堂などが散策コースであったという。

ある日、予備校近くの書店で歴史関係の本を探しているうち、わたしの本『失われた九州王朝』を購入、のちに『「邪馬台国」はなかった』も購入された。いずれも、角川文庫である。

「この二つの本は、浪人生活を通じて何度読み返したかわかりませんし、京都の街並みとともに、浪人生活をのりきる勇気をいただいたように思います。他の御著書については浪人中でもありアルバイトもできませんでしたので、このときは手に入れることはできませんでした。」

わたしには、自分のささやかな文庫本が、一人の青年の机辺におかれ、心から大切にされていた、その朝夕を思い浮かべることができる。

二

一つの情景が想起された。

ところは、梅田。大阪駅の近くである。小さな小料理屋。四畳半くらいの小さな部屋だった。人は、三人。一人は、A氏。朝日新聞の東京本社の出版局長（あるいは、部長か）。他の一人は、B氏。大阪本社の部長（あるいは、次長か）。そしてわたしだった。

主題は、わたしの本の文庫化。すでに朝日新聞社から単行本として版を重ねていた三冊の本（『「邪馬台国」はなかった』『失われた九州王朝』『盗まれた神話』）を新たに角川書店の「文庫本」として出したい。そういうテーマだった。そこに至る、種々の錯綜した事情については、今ははぶく。

その大づめとなった。それを決めるべき、最後の「談判」のいっときだった。わたしは言った。

「文庫本になったら、若い人が読んでくれます。彼等は金がありませんから、単行本は買えなくても、文庫本なら買える。その彼等の中から、未来の研究者が生れるのです。いや、研究者でなくてもいい。彼らが生きるための力、その小さな支えになってほしい。これが、わたしの願い。心からの望みなのです。」

そのときは、まだ、朝日新聞社には、システムとして「文庫」がなかった。「朝日文庫」は誕生していなかったのである。わたしの単行本を「朝日選書」に入れるか、それとも、文庫化か。そういう〝選択〟のチャンスだったのである。

わたしは、情熱をこめて、わたしの思いを語りつづけた。

やがて、A氏は言った。

「分りました。貴方の気持にうそはない。いや、その気持は、よく分ります。よし、いいですよ。」

一息ついて、彼は言った。

「今度、東京から出てくるとき、この問題には、徹底して反対するつもりでした。朝日から出した形を変えても、出しつづける。古田さんは、それに応じる方が、すじだ、と。だが、今聞いて、古田さんの気持ちが分った。古田さんは、角川の〝大量販売〟の利益をねらっているんじゃない。そういう人ではないことが、よく分りました。」

目の前のビールに口をしめして

「いろんな問題は、残されていますが、大丈夫、わたしたちが何とかやります。いや、今度、思い切って、東京から出てきて、よかった。古田さんを理解できましたから、ね。」

B氏も、応じた。落着いた口調で、今回の問題の解決について、保証してくれた。

三

小さな〝祝宴〟のときが追加された。

すでに、お互いに五十代の〝おやじ〟だけれど、往年は旧制高校生だった。その「寮歌」を歌おう、ということになった。気のきいた、共通の「歌」など、なかったせいかもしれない。旧制高校の「寮歌」は、戦前の〝作歌〟であるにもかかわらず、不思議にもあるいは当然にも、〝戦時色〟がほとんどなかった。青年と青年との友情、遠い歴史と未来へのあこがれ、人生意気に感ずるの思いがこめられていた。三人とも、共に、それを忘れていなかったのである。

A氏は、旧制弘高（弘前高校）、わたしも旧制広高（広島高校）。ともに「ひろ高」仲間である。B氏は、四高（金沢）だった。おのおの愛する一節を口ずさみつつ、杯をかたむけた。わずか、三十分か、一時間足らぬ一刻だったけれど、わたしには忘れられぬ〝ひととき〟であった。

今の、若い人々から見れば、笑うべき〝くさい〟話、今は失われた〝浪花節〟の一片にすぎないけれど、そこには、「利と利」にあらぬ、人間と人間の心、真の交流が生れ、存在していたのであった。

その〝ひととき〟を、今鮮明に想起したのである。

四

奥田さんは、その後、受験に成功し、自治医科大学に進学された。在学年（六年間）の一・五倍に当る九年間、各出身高校の都道府県で僻地医療に従事する仕組み、だという（奥田さんの場合は栃木県河内郡南河内町薬師寺）。

九年間の鳥取での臨床医としての期間が終了したあと、奥田さんは大学に帰られた。研究生活に入られたのである。血液型分布の統計的研究や分子遺伝学の分野だ。

「そこでは、ＡＢＯ血液型とならび、重要な血液型システムの一つであるRh血液型システムの遺伝子の構造解析をおこない、幸いにも世界に先駆けてRh血液型遺伝子の全配列を決定することができました。」

見事な研究者が誕生したのである。

五

奥田さんはさらに、次のような注目すべき一文を書いておられる。

「医師になって十八年、先生の御著書から伝えていただいたことがもう一つあるのではないかと最近感じるようになりました。私のような若輩が、先生のお気持ちを忖度するのは失礼とは存じますが、御著書・御講演から私が感じたことですので、お許し下さい。

先生の御著書・御講演から伝わってきていたものは、『死者への礼節・敬意』ではなかったかと思います。

私自身、臨床医として、病気に苦しむ患者さんを診療させていただいたり、亡くなられてゆく方々を看取らせていただく過程で、先生の御著書・御講演から伝わってくるものを感じた次第です。今後、遺伝子研究をしてゆくうえで、このことは忘れないようにしたいと考えております。」

つたない、わたしの研究と著述に対して、このような目で「心読」して下さる読者の存在すること、まさに著者冥利に尽きる思いだ。「思いのこすことなし。」と感ずる。

六

奥田さんはさらに、次のように書いて手紙を結んでおられる。

「先生の学問の方法は、まさに、自然科学の手法であると考えております。先生と先生を中心として集まられた方々の貴重な研究成果は、『新・古代学』などを通して読ませていただいていますが、私自身、興味をもっておりますのは、自然科学（寄生虫・成人T細胞白血病ウイルスの地理分布など）の知見と考古学および古代史学との関係です。

今まさに、トピックである炭素14（C14）を用いた年代測定に対する日本の考古学会の姿勢は、自然科学者の一人として、私には全く理解できません。

数理遺伝学の領域でもおそらく、様々な人種における遺伝子の変異の分布状況を基にして、各民族間の系統関係の推定が今迄以上におこなわれると思います。

遺伝子の変異の拡散は、民族の移動ともからんでくると思われますので、例えば、政治権力の変動・移動によって影響を受ける可能性が十分考えられます。自然科学的手法を基にした考古学および古代史学の確立が切に望まれます。

自然科学という共通の土俵に立って、数理遺伝学、考古学、古代史学だけでなくあらゆる領域の学者が議論できる日がくればよいと考えております。」

昨年来のシベリアの黒竜江沿岸の諸部族、オロチ族や沿海州近辺の「原住民」と古代日本人とのかかわり、これに対する研究の〝決め手〟は、当然ながら「遺伝子」である。

このような研究状況の下で、今、すばらしい研究者の「目」をここに見る。A氏も、B氏も、共に心から喜んでくださっていることと思う。――あの〝ひととき〟の祝宴を。

二〇〇四年八月吉日　記了

（「閑中月記」第三一回、『東京古田会ニュース』第九八号）

立花隆――「鳥越憲三郎」説

一

久しぶりに、目を見張った。最近の『週刊文春』(二〇〇四年八月二十六日号)を見たときである。「私の読書日記」として、「中曽根康弘、重光葵手記、倭族論」と題されている。筆者は、「ノンフィクション作家」の立花隆氏だ。

問題は、その「倭族論」である。そこで取り上げられているのは、鳥越憲三郎《とりごえけんざぶろう》『中国正史倭人・倭国伝全釈』(中央公論新社)だ。

立花氏は言われる。

「(この本を)読むと、古代史の見方ががらりと変らざるをえない。」

その結果、氏は評される。

「これを読むと、これまでの邪馬台国論争のすべてが、ほとんど児戯に類したものでしかないという印象を受ける。」

すなわち、わたしの「邪馬壹国」論（第一書『「邪馬台国」はなかった』朝日新聞社刊）なども、立花氏によれば、「ほとんど児戯に類したものでしかない」ということとなろう。

その理由として、

「それくらい、膨大な資料を比較参照する能力がちがう。」

と、言われるのである。〝大変な〟ことだ。おそらく、わたしなども「無能力者」もしくは「劣能力者」の一、となるのであろう。

そのため、氏は次のような「一撃」を加えられる。

「この本を読んで、あの泥沼の邪馬台国論争にこれまで深入りしないでよかったと思った。」

わたしの昭和四十四年（「邪馬壹国」、東大『史学雑誌』）以来、三十余年の学問的探求は、氏によればただ「泥沼」にすぎぬようだ。

東大の榎一雄《えのきかずお》教授が読売新聞に十二回連載された「邪馬台国はなかったか」、それに対するわたしの反論（十回。後、十二回分掲載）(1)も、ひとえに「泥沼」の中の〝泡しずく〟、氏にはそのように見えているのであろう（もし、氏がこの両者を実際に〝読んで〟おられた、とすれば）。その後、東大や京大の学者たちがわたしの「邪馬壹国」糸島・博多湾岸、中心説に対して、一切「口をつぐん」で沈黙してきたこと、それも、氏の視野からは「泥沼」におち入らぬための、賢明な「配慮」だったと言われるであろうか。信じがたい。

これに反し、東大学生新聞や京大学生新聞は延々と数十回に及ぶ、わたしの古代史観そのものにもとづく長期連載をつづけてきた。京大の場合、今年の十月、ついに節目をなす「一〇〇回」を迎えたのである。

このような学生（執筆者側と記者側）に対し、氏は何と評されるのであろうか。お得意の「東大生は馬鹿だ。」あるいは「京大生はなお馬鹿だ。」という、紙の〝石つぶて〟を投げつけてすまされるのであろうか。

二

以上のような「罵評」を加えたのち、倭人伝の中の、一つのキイ・ポイントをなすテーマに対して、大胆に書かれる。

「これを読めば、『水行十日、陸行一月』の謎も、邪馬台国はどこかの謎も、実にすっきりわかる。」

聞き捨てできぬ言葉だ。右の謎をめぐって、わたしは自己の論証を書いた。右の第一書において、従来の理解と全く異なる立場をとり、その結果、（わたしとしては）すっきりと結着を見た。それが「帯方郡治と邪馬壹国との間の総日程」がこの「水行十日、陸行一月」である、との立場である。

この立場に対してもまた、東大や京大（その他）の大学の学者は、一切「批判」せずにきた。「論争」さえ起っていない。起ったのは、わずかに「邪馬壹国と邪馬臺国」の問題だけだった。この問題すら、わたしの最近の提起、

第一、三国志の倭人伝では「邪馬壹国」であり、これは戸数七万の〝広大領域〟を指している。

第二、後漢書の倭伝では「邪馬臺国」であり、これは「大倭王の居する処」を指している。〝狭領域〟だ。

すなわち、たとえば、前者は「東京都」に当り、後者は「皇居」に当る。全く、別概念である。(2)

このような、わたしの新しい提起に対して、東大・京大、その他一切の学者からの「賛意」も「反論」も聞いたことがない。とても「泥沼」どころではない。新しい学問の池に、かわず一匹飛びこまぬ静寂の中に、わたしはこの朝夕をすごしている。

「泥沼」説は、静かに、丁寧に、氏に返上せざるをえないようである。

三

わたしは考えた。

鳥越氏は、わたしにとって、古代史研究の初期以来、〝旧知〟と言うべき方である。なぜなら、わたしの第一書が出る直前、同じ出版社（朝日新聞社）から、氏の著述が出されていた。『神々と天皇の間』（一九七〇年刊）だ。わたしの場合と同じ、名編集者米田保《よねだたもつ》氏の〝手がけ〟られたところである。そしてやがて、『大いなる邪馬台国』（講談社、一九七五年刊）が出現する。

わたしにとっては、〝熟知〟された、ほぼ〝同時期〟の作。そこでは〝大らかな〟「邪馬台国」近畿説が展開されていたのだった。四年前に公刊された、わたしの第一書の「問題提起」に対する〝反応〟も、〝回答〟も、全くなかった。通読し終った時、何とも言いえぬ「失望」を憶えたこと、昨日のようだ。

だが、「男子、三日見ざればᵒ。」のたとえ通り、三十余年の歳月の中で、氏の「立論」の面目も一新し、それが立花氏の「絶讃」をえたのかもしれぬ。わたしはそう思った。

そこで早速、書肆に走った。そして今回の「全釈」本を購入した。読んだ。さらに、そこに、「詳細な考証は拙著『女王卑弥呼の国』（中公叢書、二〇〇二年）を参照されたい。」（九六ページ）

「『古代中国と倭族』（中公新書、二〇〇〇年）で示した（下略）」（五二ページ）

のように〝引用〟された、近年の氏の著作も、改めて購入して読んだ。

だが、その結果は、いわば「予想通り」だった。鳥越氏の筆法、その〝大らかさ〟は、三十数年間、何の〝変化〟も生じてはいなかったのであった。

「ところで、ここで問題となる重要なことは倭国の地理的位置である。（中略）

以上のことが理解できれば、日本の倭人と同族が住む浙江省や福建省の東側の海上に、日本列島が南北に連なっており、また同族のいる海南島も近く、風俗習慣が多くの点で同じであると記したのは、漢族として無理からぬことであったといえよう。

それにしても、日本列島の方位を狂わしたことで、後世の学者たちを大きく悩まし、邪馬台国九州説の論拠ともなった。しかし、『南』を『東』として訂正して読むことで事足りるのである。」（『全釈』五〇ページ）

氏によると、海南島には「倭族」と同族である「黎（りー）族」が住んでいた。そのため漢族（西安・洛陽等の中国人）は、これと日本列島の「倭族」とを混同した。ために倭人伝では「東」と「南」を〝まちがえた〟のだろう、と言われるのである。

近畿説にとっての「宿敵」ともいうべき〝「南」と「東」の問題〟、いいかえれば、

「九州北岸から見て、近畿（大和）は明らかに『東』であるのに、なぜ『南』とのみあって、『東』と書かれていないのか。」

この肝心の問題は、氏にとって「海南島の黎族は、倭族と同族」という〝推定〟によって、易々として乗り越えられた、とする。

しかし、考えてみてほしい。中国人（洛陽中心）は、たとえ海南島の〝実地〟を踏んでいなくても、日本列島の「倭国」の中心、邪馬壹国へは、実際に訪れた。それを「里程」で記しているのであるから。それなのに、「太陽の出る方向」を、毎朝毎朝「南」として誤認していた。果してありうることだろうか。わたしには信じられない。

それでも立花氏が「鳥越説の通り。」と言われるなら、わたしには氏のもたれる判断力に対して、大いなる「？」を覚える他はないのである。

四

もう一つの事例をあげよう。

左は『山海経』（海内東経）にあり、「倭」の文字が最初に出現する、著名の史料である。

「蓋国は鉅燕の南、倭の北に在り。倭は燕に属す。」

この蓋国は、現在の朝鮮半島北半（北朝鮮）のピョンヤン近辺とされてきた。三国志の魏志東沃沮伝に、

「東沃沮は高句麗の蓋馬大山の東に在り。」

とあり、この「蓋馬」と関連するものとして理解されてきたのである。

燕は北京を中心とする国だ。鉅燕とは、その東方、遼東半島北辺部を指している。現在の渤海が「鉅海」と称されたという。

問題は「倭」だ。右の文面からは、とても九州など、海の向う（南）の日本列島を指す、とは考えら

れない。その場合は「海を隔てて」等の一句がほしいところだ。従ってこの「倭」とは、朝鮮半島南半部（韓国）を指す。それが右の文面に対する、的確な理解である。

そこでわたしはのべた。

「この倭とは、朝鮮海峡の両岸（韓国側と九州側）にまたがる〝存在〟である。海洋民族が、海峡などの両岸にまたがる居住領域をもつことは、むしろ自然である。」

と。そしてエーゲ海の両域（ギリシャと小アジア）にまたがって拠点をもった、古代ギリシャの事例をあげたのである(3)。

その上、わたしは考古学的出土物の分布状態に注目した。九州北岸部の腰岳（佐賀県）出土の黒曜石の鏃の分布は、一方では光州（韓国）、他方では下関近辺に及んでいる。これが「倭人の中枢領域」をしめすもの、と論じたのである。その出土分布領域もまた、朝鮮海峡の両岸にまたがっているのだ。

これがわたしの歴年の見解である。

五

これに対して、鳥越氏は書かれる。

「右の『蓋国』は『漢書』地理志（第八上）の漢が置いた泰山郡蓋県にあたり、山東省のほぼ中央、沂水県の西北にあった小国で、戦国時代には山東半島の北部を領していた斉に属していた。」

これは、中国内部の地名だ。

「蓋、地名、戦国、斉の下邑。今、山東半島沂水県の西北に当る。」（諸橋、大漢和辞典）

孟子の公孫丑（下）に出ている。

王、蓋大夫、王驩をして輔行を為さしむ。（岩波文庫『孟子』上、一六四ページ）

〈注〉蓋、斉の下邑なり。(4)

この「蓋」である。「斉の下邑」という小領域であるから、「斉国の一部」であり、「蓋国」の名にはふさわしくないようである。しかし、鳥越氏はこれを問題の「蓋国」に当てられた。

ところが、右の一文には、肝心の「斉」の名が出現していない。これに対し、氏は、

「その燕・斉の領域からみるとき、右の記事には作為が認められる。山東省の中央あたりで斉の治下にあった蓋国を、斉を無視して燕の南にあるというのは、大国としての燕を強調しようとした表現だといえよう。」

氏の「中国内部の蓋国」説にとって不具合な、

「斉国名の不存在」

について、それは右の「山海経」の「作者」のせいだ、というのである。これを端的に評すれば、氏の「中国内部の蓋国」説の場合、当の文面自体には〝適合〟しない。そういうことなのではあるまいか。

このような氏の〝手法〟が許されるならば、わたしたちは各自、当の原文を、いかようにも「作り変える」ことが可能となろう。

そして次のように、氏はのべられる。

「再三述べるように、『倭人』を日本列島の日本人に限定して考えていた立場からは、もちろん右の記事は不可解なものとされ、これまで打ち捨てられてきた。」

氏によって、「打ち捨てられてきた」のは、この記事を「倭の初見記事」として絶えず重視し、書きつづけてきた、わたしの歴年の立論の方だったのではあるまいか。事実関係が「逆」なのである。

六

氏の立論の淵源は、「倭族」論にある。

「長江流域を原住地とし、稲作と高床式住居を文化的特質として四方に移動分布した民族」を総称して、これを「倭族」と命名された。

彼等は、

「長江全流域を中心に、西はネパール東部、南は東南アジア全域からインドネシア諸島嶼、北は中国の江蘇省・安徽省・山東省、東は朝鮮半島中・南部を経て日本列島に達した。」

というのである。壮大なる立論だ。

今、その一つ、ひとつを点検する紙幅はない。ないけれど、言うことができる。

「先述のように、文献記述を〝恣意的〟に、次々と改削しつづければ、いかなる議論でも、好むように立てうる。」

と。

かつて江上波夫氏の「騎馬民族征服説」がもっていた〝壮大なる夢〟と〝非実証的な文献操作〟の中に、鳥越氏もまた、おち入っておられなければ、幸である。氏の一大イメージがわが国の歴史学に対して〝よき刺激〟を与えられることは、心から歓迎しよう。しかしそれが、「厳密な史料批判」そのものへの回避とならぬことを祈るほかはない。
立花隆氏も、「空疎な応援団」めいた旗を振りまわしすぎぬよう、従来のすぐれた氏の業績にかんがみても、きびしくここに切言させていただきたいと思う。

注
（1）『邪馬壹国の論理』（朝日新聞社、一九七五年刊）。
（2）「私の学問研究の方法」（『新・古代学』第七集、二〇〇四年刊）（講演）。
（3）『邪馬一国への道標』（講談社、一九七八年、角川文庫、一九八二年刊）、「光州」（『古代史の未来』明石書店、一九九八年刊。「学問の未来」昭和薬科大学文化史研究室、一九九六年、収録）。
（4）諸橋、大漢和辞典に出てくる（注）で、ここでは四書集注（宋・朱熹著）をさす。

二〇〇四年十月二十九日　記了

（「閑中月記」第三二回、『東京古田会ニュース』第九九号、原題「立花隆」）

松本健一――「日の丸・君が代」論

一

松本健一さんの『「日の丸・君が代」の話』（ＰＨＰ新書）を読んだ。わたし自身、「君が代」の〝成立史〟ともいうべきテーマに取り組んでいただけに、関心を持った。

特に、この著者とは、二〇〇三年（平成十五）一月の国際教育シンポジウムのチューターとして、席を同じくした。共に、西村俊一さん（東京学芸大学教授）のお招きである。

松本さんは一九四六年（昭和二十一）の生れ、東京大学経済学部の卒業、現在は麗澤大学国際経済学部の教授である。だが、「教授」としてよりも、現代の政治、文学、思想などをめぐる、第一線の評論家として著名の方だ。『北一輝論』や『白旗伝説』（講談社）などの著作がある。

シンポジウムの席にも、いそがしく〝飛びこんで〟こられ、歯切れのいい「報告」をされたことが記憶に残っている。

だから、期待して読んだ。

二

本書の大部分は、「近・現代史」の立場に立つ「日の丸・君が代」論である。〝初耳〟ではないものの、改めて「成る程」とうなづかせられることも、少なくなかった。

たとえば、幕末の戊辰戦争。幕府側が「日の丸」、勤皇側が「菊紋旗」をかかげて戦った、という。薩摩の砲兵隊長、大山厳たちは「日の丸」を〝敵〟として戦ったのである。

「天皇家」と「日の丸」を等号で〝イメージ〟してきた、明治維新後、現在に至る、多くの日本国民にとっては、ちょっと〝驚く〟史実ではないか。この「史実」のもつ意味は、意外に深い。なぜなら、「日の丸」そのものの〝内実〟のもつ歴史は、意外にも、天皇家よりはるかに深いのである（後述）。

次に、「国際法」と日清・日露戦争。この両戦争では、日本国の政府は「国際法遵守」の立場を採った。有賀長雄という陸軍大学校の「国際法」の講師が戦地に同行し、いちいち起った〝事件〟に対し、それは「国際法違反」でないかという、戦場からの問い合わせに答えることにしていた、という。日露戦争における、乃木希典将軍の敵（ロシアのステッセル将軍達）に対する、武士道的対応は有名だが、それは同時に「国際法遵守」という、大きな〝背景〟をもっていたのである。興味深い。

これに反し、一九三三年（昭和八）に、前年九月に提出されたリットン報告書（「満州国否認」）が「日本以外」のすべての国々によって賛成された（国際連盟臨時総会）。そして松岡洋右《ようすけ》首席全権は国際連盟を脱退した。その後の経緯は、周知の通りだ。「国際法、遵守」どころではない。

これらの史実を、著者は要領よくまとめると共に、右の「国際法、遵守期」の注目すべき事実として、一八九四年（明治二十七）の「治外法権撤廃」、そして一九一一年（明治四十四）の「関税自主権、回復」、この、二つの「画期」があったことを的確に記している。周到である。

三

プロシアの鉄血宰相と言われたビスマルク（一八一五〜九八）の演説がある。

「カノ所謂《いわゆ》る公法ハ、列国ノ権利ヲ保全スル典常トハイエドモ、大国ノ利モ争ウヤ、公法ヲ執《と》エテ動カサズ。若《も》シ不利ナレバ、翻《ひるがえ》スニ兵威ヲ以テス。固《もとよ》リ常守アルナシ。小国ハ孜孜《しし》トシテ辞令ト公理トヲ省顧シ、敢テ超エズ。以テ自主ノ権ヲ保セント勉ムルモ、其簸弄凌侮《はろうりょうぶ》ノ政略ニアタレバ、殆《ほとん》ド自主スル能ワザルニ至ルコト、毎《つね》ニ之《これ》アリ」（前述書一五一ページ。仮名遣いは原文のママ）

著者は解説する。

「すなわち、各国の権利は一見『万国公法』によって守られているように見えるけれども、大国は自ら『利』があるときには公法を守るが、『不利』と見れば『兵威』によってくつがえす。小国は公法を守って『自主ノ権』を保とうとするけれど、そんなものは大国の力の前に吹き飛ばされてしまうのである」と。

まさに、二十一世紀の地球を見ているようだ。わたしはこの本を置いて、深く嘆くほかはなかった。

四

右のように、「近・現代史」段階では、相当に、「見るべき筆法」をしめされた著者が、「古代」に筆致が及ぶとき、にわかに〝信ぜられぬ〟ような「荒い筆法」に一変している。その二・三例をあげよう。

（一）「それはともかく、この『万葉集』の時代には、まだ天皇という呼び方すらなかった。天智天皇（在位六六八～六七二）以前には、まだ天皇という呼称はなく『大君』と呼ばれていたのである」（一二四ページ）

（二）「先にも述べたように『日出づる処の天子』と手紙に書けば中国は怒るから、なかなかその呼称は使えない。それだけに、いったん使用した時には非常な緊張感がともない、中国と対抗するのだという原初的ナショナリズム感情の上に『天皇』呼称が使われたのだった」（同右）

わたしはこの問題について、すでに『失われた九州王朝』の第四章において詳述した。その二・三例をあげよう。

「天皇、阿礼奴跪を遣はして、来りて女郎を索《と》はしむ。」（『百済新選』雄略二年、四五八）

「蓋鹵王、弟昆支君を遣はして、大倭に向《もう》でて、天王に侍らしむ。」（『百済新選』雄略五年、四六一）

右で「天王」と「天皇」が混用されている。この「天王」の用語はすでに、東アジアの中国の〝周辺国〟で実用されていた。

「呂光、僭して天王と称し、大涼と号す。」（『魏書』皇始元年、三九六）

「呂光、其の子紹を立て天王と為す。」（『魏書』天興二年、三九九）

すでに「四世紀末」において、鮮卑、匈奴の国々で「天王」の称号が用いられている。その同じ称号が「五世紀後半」において、倭国側で使用されていて、何の不思議もないのである。

この「天王」と「天皇」との間の差異は、いわば〝紙一重〟だ。事実、右の呂光は「自ら太上皇と称す。」（『魏書』天興二年、三九九）として、この「皇」の字をみずからに〝使用〟しているのである。

以上は、言語上、そしてイデオロギー上の「自然な発展」だ。これを五世紀の倭国側に対して、現代の学者や評論家が「使用禁止」を申し渡したとしても、世界の理性ある人々の「？」を招くだけであろう。

五

さらに「日出ず（づ）る処の天子」をめぐる〝一文〟を見ると、〝苦笑〟を禁じえない。

（A）最初は（大和の王権は）「日出ず（づ）る処の天子」を自称していた。（七世紀前半）

（B）のちに、中国の「怒り」を恐れて「天皇」の自称に変えた。（七世紀後半）

一貫した「思想性」はない。ただ、中国側の「怒り」が、ことを左右する。同じ王朝の日本の政治家たちが、ただ〝右顧左眄《うこさべん》〟した、というのだ。これも何か、二十一世紀の「日中関係」の〝焼き直し〟のようにさえ見える。

そこには、わたしの永年の問題提議、

「七〇一以前の倭国は、筑紫中心の国家、九州王朝であった。」

「右以後、日本国が正規の名称となった。すなわち近畿天皇家である。」

右の根本問題は、一顧だにも、されていない。

もちろん、著者が著者独自の「史観」をもたれることは自由だ。言うまでもない。しかし、一九七三年（昭和四十八）以来、くりかえし単行本（朝日新聞社、角川文庫、朝日文庫）で世間に公表し、その上、『史学雑誌』（東大）にも長編（「多元的古代の成立」同名書収録）の論文が掲載されている。それを「評論家」という方には〝無視〟していい一種の特権をもっているのであろうか。解しがたい。

明敏なる著者が、いわゆる「学界」の悪しき慣行に追従されざらんことを切望する。

六

「日本」問題も、そうだ。

「一応、日本という国号ができあがったのは、網野善彦さんが指摘するように、浄御原令という法律が全国に発布された六八九年（持統三年）であると考えてよいだろう。」（前掲『「日の丸・君が代」の話』四二ページ）

わたしは『失われた九州王朝』の第四章で「融天師彗星歌」を扱った。『三国遺事』（新羅、真平王〈五七九〜六三二〉の頃）に出ている。

「星恠《あや》しく、則ち滅す。日本兵、国に還り、反《かえ》りて福慶を成さん」

「時に天師、歌を作り、之を歌う」

とあるように、これは「歌」であり、韻文である。後代の日本側（八世紀以降）が「倭」から「日本」へと国号を〝変え〟たのであったとしても、新羅側がそれに遠慮して、韻文中の語句まで、「原文」の「倭国」を「日本」へと〝さし変えた〟と見なすのは、変だ。とても「しかし、それ以前は、日本という国号は定まっていないわけであり」(同書四二ページ)といった「大体論」で〝すまし〟うるテーマではない。少なくとも、右の「歌詞」に対する史料批判、わたしの提言に対する反論がほしい。ないものねだりだろうか。

網野善彦氏に、わたしはお会いしたことはないけれど、何回か電話でお話したことはある。もちろん、わたしのことをよく知っておられた。しかし、氏の論説にも、「倭国から日本国へ」の立場の、明白な先行説であった、古田説への言及はない。

七

他にも、「古代」部分に関する疑問点は少なくない。

先ず、「君が代」について。

それが勅撰和歌集である『古今集』の「賀歌」の冒頭にありながら、なぜ「読み人知らず」なのか。その上、「題知らず」なのか。さらに、この歌を「詠進」したはずの、当の「天皇の名前」すら、「その人知らず」なのか。不審だ。だが、著者はそれを「不審」とすら、指摘されない。

まして、古今集の全千百十一首中、約三分の一強が「読み人知らず」なのは、なぜか。この一大不審の存在を指摘することさえない。「君が代」はその、〝ワン・ノブ・ゼム〟に位置しているのである。ここに問題の本質がある。

次に、神武天皇。著者は言う。

「いずれにせよ、天皇が自らの軍隊を持つことは明治天皇までほとんどなかった。」

これには、「古代を除く」という〝注釈〟がついているように、「神武天皇」や「白村江の戦」など、「古代」の問題は〝除かれ〟ているのであろう。しかし、あまりにも（戦前において）有名な、軍人勅諭の冒頭には「我国の軍隊は世々天皇の統率し給う所にぞある」の一句があり、全文その「精神」で貫かれている。わたしも、「配属将校」から、これをくりかえし〝教え〟られた憶えがある。

当然、これは記・紀に記された「神武天皇の功業」を第一のバックにしている。それなのに、なぜ、これを簡単に「除く」ことができるのだろう。

おそらく著者は（立ち入らずとも）、あの津田左右吉《つだそうきち》の「神武、架空説」を〝頼り〟としておられるのではないか。戦後の教育によって。

しかし、では、大和盆地の中の唐古《からこ》・鍵《かぎ》遺跡が（「弥生中期末」までは、銅鐸の実物や鋳型の量産地、茨木市の東奈良に次ぐその「副中心」であった性格が）、突如消滅した。「無銅鐸地帯」へと一変する。この不思議を、いかに説明するか。すべての考古学者も、歴史学者も、「神武、架空説」に立った上で、これを「解明」し、「説明」しえた姿を、わたしはかつて一度も、見たことがない。いわば、「戦後のタブー」だ。著者はどうか。

ことは、「神武天皇」ひとり、の問題ではない。三世紀から七世紀に至る、代々の天皇陵、あれは、それらの天皇（大王）の「徳が高かった」ためか、それとも、その被葬者が（生前も、死後も）絶大な武力、すなわち軍事システムに支えられていた〝証拠〟か。この問いに対し、もし「前者」を以てその全回答とするならば、おそらく世界の識者の「失笑」を招くのではあるまいか。著者はこれも、「除いて」論ずれば、こと足りるのであろうか。

いかなる権力者も、「権力奪取」の後、絶えず〝戦いつづけ〟ているわけではない。当然、「安定期」

や「衰退期」がある。世界の歴史の常だ。そして「復活期」もまた、ありうるのである。このような「世界の常識」の中で、日本の歴史をみること、それは果して〝許されない〟ことなのであろうか。わたしには、不審だ。

八

「日の丸」の由来は、当然ながら「日本」という国名と、深い〝かかわり〟をもつ。相関関係を有しているのである。

確かに、近畿天皇家が「日本」と称して、中国（則天武后）を中心とする、東アジア世界に〝認知〟されたのは、「七〇一」以後だ。旧唐書が「倭国」「日本国」の別国号の中で、しめす通りだ。

だが、それ以前に、先述の「融天師の歌」のしめすように、「日本」という国号は、東アジアの、少なくとも〝日本列島から、朝鮮半島にかけて〟では、「周知」せられていた。いたからこそ、「敵」（新羅）側の「歌」にさえ、歌われたのだ。このように考えるほかはない。すなわち、九州王朝側による、「倭国の自称（誇称）」として、先ず使われていたのである。なぜか著者の、本書における「明快な記述」は、逆に、不可思議にして興味深い歴史の暗闇へと、やがてわたしたちを導きゆくのである。

二〇〇五年二月二十六日　記了

（「閑中月記」第三四回、『東京古田会ニュース』第一〇一号、原題「松本健一」）

大前和秀氏と原子爆弾

一

初夏が来た。晴れやかな天のもと、山野が美しい。周辺の竹林では、もう筍の伸びが止まった。今年は気候の不順のせいか、例年の半分も収穫がない。老農夫が、そうつぶやいていた。坂道を登ってゆく途中、しばし会話を楽しんだ。八十四歳、わたしより年上だが、お元気そうだった。のどかな、ひとときである。

歩くとき、時に単語帳をもち歩く。コプト語である。四月十四日の水曜日から、関西学院大学神学部で、その授業が再開された。「再開」と書いたのは、昨年の授業が——すでに書いたように〔第二巻『史料批判のまなざし』第五篇「コプト語」参照〕、——第一回だけで〝終結〟されたからだった。一人だけいた「学部」の学生が、〝登録〟しなかったからである。

今回は、ちがった。やはり学部の学生は——登録予定の人では——一人だったけれど、「大丈夫です。」と、さわやかな笑顔を見せていた。担当の宮谷宣史《よしちか》さんと、堅く〝契約〟されたようだ。四回生の久下貴司《くげたかし》さんである。力強い(1)。

宮谷さんは、今年三月で教授を定年退職され、今は講師として授業に臨んでおられる。

二

第二回目の四月二十一日は、最初に試験があった。さすがに緊張していた。昔、中学時代にやったように、手製の単語帳を作った。もっとも、当時はあまり「この方法」はやる方ではなかった。しかし、今回は〝真面目に〟やった。

ところが、くりかえして眺めてみても、覚えられない。「やはり、齢《とし》のせいか。」と絶望しかけたけれど、当日がせまっているだけに、必死でくりかえした。反復した。そのうちに、「ガクッ」とした。覚えられはじめたのである。何回、いや何十回目だったか。「バリヤー」(障壁)を越えたのである。とたんに、〝覚えられ〟はじめたのだ。おそらく「記憶学者」という専門家がいれば、〝説明〟をしてくれるのであろう。その「心理構造」いや、記憶構造を。

けれども、そんな〝りくつ〟は、どうでもいい。要は、経験的に到達した。いや〝到達の第一歩〟にふれたのだから。満足だった。当日は、さわやかな、授業最初の二〜三十分を迎えることができたのである。

三

コプト語、つまり古代エジプト語の最終形は、二〜三世紀には最盛期だったようだ。その時期に、例の「トマスによる福音書」は書かれたのである。記録されたのだ。

しかし、その「原型の成立」は、〝一世紀の前半〟。それも、その中の、また「前半」に近い。つまり、イエスと同時代、もしくはそれに接近した時期だ。わたしは、そう考えている。

それはさておき、このコプト語を学びはじめてみると、〝思い当る〟ふしぶしに出会う。

たとえば、コプト語で「クローン」というのは「王冠」のことだ。そう、あの〝crown〟という英語と、ほぼ同音である。

すなわち、

〝コプト語（古代エジプト語）から英語への伝播〟

というテーマだ。確かに、「王冠」のような、「権力者のシンボル物」は、イングランドの島々にはじまった、というより、「エジプトからの伝播」と考えた方が、分りやすい。とすれば、この「伝播」の前後関係、その矢印の方向は〝自然〟だ。ナチュラルなのである。少なくとも、あの、はなばなしい「金属」や「宝石」に飾られた王冠の場合。わたしは、そう感ずる。「文化の伝播」と「言語の伝播」が同方向なのである。

四

ところが、コプト語で「ローメ」というのは、「人(男)」の意味である。基礎単語の最初に出てくる。

「これは、〝ローマ〟と同音、または類音ではないか。」

そう考えた。今まで聞いていたのは、例の「ロムルス」という建国者(BC七五三年〜七一七年在位)の名前との関係で〝解説〟されている。彼以来七代の王に支配され、その末期にエトルリア人が支配した、という。

この「ローマ」と、コプト語の「ローメ」との関連は何か。偶然の一致または類同か。それとも、何等かの関連があるのか。もし、関連があるとすれば、どちらから、どちらへの「伝播」か。もちろん、コプト語の場合、「初期、古代エジプト語」と「コプト語」、つまり「末期、古代エジプト語」との関連を、実証的に〝求め〟なければならない。今後の課題だ。

日本の場合、「東京」とは〝東の京都〟の意義。その「京都」は、「中国語」だ。すでに三国志の中に、この「京都」という用語が用いられている。

「中国の京都から、日本の京都へ」

という「伝播方向」に、疑いはない。では、「ローマ」の場合は？　もちろんここには、「ギリシャ語」という重要なテーマが「介在」していよう。これからの楽しい課題だ。

五

日本列島の場合、「都市の名前」のほとんどは、当然ながら「日本語」だ。〝広島〟〝岡山〟〝福岡〟など、すべて本来の「日本語」である。

これに対して、例の「京都」「東京」「仙台」は、本来の「日本語」ではない。中国音（漢音）だ。もっとも、「仙台」の場合は、本来の「かわうち（川内）」という日本語地名に対して「せんだい」という〝音訓〟を与え、それに〝風雅な漢字〟である「仙台」を当てた。伊達藩の藩主（第二代）の〝工夫〟。

わたしが仙台の東北大学に行ったとき（昭和二十年四月）、そう聞いた（九州には「川内」の字面そのままで〝せんだい〟という「音訓み」をしている例がある。鹿児島県である）。

最近の「市町村合併」では、全国各地は種々様々の〝市町村名〟が登場しているようであるから、その「帰結」はいまだ、今のわたしには分からない。

しかし、それ以前の日本列島では、

「日本語の市町村名の中に、中国音地名の浮き島。」

そういう様相だったのである。イタリアでは、どうだろう。多くの「市町村名」は、「本来のイタリア語地名」なのだろうか。いつか、確認してみたい。言語研究の楽しみが、またふえてきたようである。

六

話題を一転しよう。

先日、さわやかな方と会った。大前和秀さん。六十代初頭の紳士である。京都の会社の幹部(2)(専務取締役)だ。同時に、アメリカの会社の社長も兼務し、絶えず、日米の間を往復しておられる、とのこと。大変だ。縁あって、一夕を共にさせていただいた。河原町通りの一角である。

その方は、近い「地球の未来」を深く憂慮しておられた。飛行機で南極や北極の近くを通っても、目に見えて「氷」が減っている。いわゆる〝地球温暖化〟のせいだ。もう、地球は、人類の(石油などの)資源大量消費によって、刻々と滅亡へと向っている。

「今の地球は、タイタニック号ですよ。目の前に氷山が迫っているのを知らない。」

これが、氏の持論のようだった。先日「愛・地球博」へ行ってみたが、各国とも〝自分のところへ、お出で。いい国だから。〟というメッセージにはあふれているけれど、今わたしの言ったような「地球の未来」への危機感など、どこにもみられなかった。「あれでは。」という見解だ。

わたしはまだ、この博覧会へは行ったことがない。だから、氏の説の当否は分からないけれど、その立説のポイント、それはまさにその通りだ。同感した。

それは「石油」などの〝資源〟の問題だけではない。より深刻なのは、「心」の問題だ。人類はせっかく「宗教」や「国家」など、すばらしい〝思想〟や〝信仰〟や〝組織〟などを、この地球上で「独創」しながら、今はそれらを、もっぱら「戦争」などを〝正当化〟する〝道具〟に使っている。少なくとも、それを「止める」能力を失っている。それは核兵器やミサイルなどの〝大量破壊兵器〟の性能の急進展と「反比例」している。全く、アンバランスなのである。誰よりも、地球はそれをよく知っている。じーっと見ている。わたしにはそう思われる。だから、大前さんの説に深く共感を覚えたのである。

七

大前さんのお話で、もっとも深い印象を受けたのは、次のくだりだった。

氏がワシントンの道路上を歩いていたとき、向うからやって来た通りすがりの婦人があった。彼女は大前さんとすれちがいざま、突然言葉を発した。

「リメンバー・ザ・パールハーバー」

もちろん、見知らぬ他人、おそらくアメリカ人であろう。彼女は、前方から来る大前さんを「日本人」と認識した。そしてすれちがうさいに、この言葉を放ったのである。

大前さんは呆然とした。やり切れぬ思いがこみ上げてきた。それから勉強をはじめた。日米の開戦と戦争状況、それらの詳細な情報を読みあさったのである。

そのあと、大前さんは、「商談」のさいに、みずから進んでこの問題にふれた。〝あいさつ〟や〝ティー・タイム〟など、時をえらばず、否、時をえらんで、積極的にこの話題をとりあげた。

「なぜ、アメリカ側は、原子爆弾を広島や長崎といった一般都市ではなく、たとえば〝東京湾〟といった場所へ落とさなかったのか。」と。もちろん、東京湾外の「海上」に、予告した上で投下してもいい（山の空襲でも、一種の「予告」のあったことが、知られている。山などへの、空中からのビラの投下である）。当時、すでに、日本列島上空の制空権は完全にアメリカ側ににぎられていたのだから、それらは、いわば〝意のまま〟だった。

これらの〝実情〟を事実のデータによって精密に呈示して〝問いかける〟と、相手のアメリカ人は、虚を突かれ、動揺し、やがて大前さんの話に聞き入ってくれた、という。

彼等は、

「原爆の投下によって、何万人のアメリカ軍兵士の（敵前上陸による）犠牲が救われた。」

とか、

「日本人も、（同じく）何十万人の生命《いのち》が救われた。」

とかいう〝説明〟を、くりかえし聞かされ、〝納得〟させられてきていたのである。

しかし、道理は大前さんの側にある。いくら、

「広島や長崎は〝軍事都市〟だった。」

と言ってみても、当然ながら「軍人」だけで構成されていた都市ではない。二十万以上の市民、「非戦闘員」の男女や子供たちのいる都市だったのである。わたし自身も、その一人だった。教育者だった父や母も、もちろんそうだ。大学は仙台へ行ったばかりだったけれど、自宅は広島市内の西観音町にあった。

わたしの少年時代、旧制広島二中の生徒だった頃も、裏手の川（太田川）の土手のほとりで、西に落ちる夕日の姿を眺める。時を知らず、見つめ抜く。それがわたしの日課だった。東北大学へ行ってからも、休暇にはいつも、広島の自宅へ帰っていた。否、帰るはずだった。

自宅は、原爆投下の中心地、相生橋付近からは約二キロ。両親は当時〝家の中〟にいたため、直接の〝被爆〟をまぬかれた。爆心地側の「庭」に出ていたら、即座に〝被爆〟していた。そういう〝微妙な〟距離だった。その数日前、父親が市内の中心地近辺（流川）で市電との交通事故に遭い、自宅で〝病臥〟していたのである。幸運だった。

やがて、あの有名な「黒い雨」が降りはじめた中を、母は父を連れて「己斐《こひ》」方面へと脱出した。今の「西広島駅」である（これらについては、わたしの原稿「ヒロシマの史料批判」(3)参照）。

やがて八月十五日、敗戦の日に、わたしは広島に帰還した。志田村（宮城県行田市）の農村動員のお宅（福原家）と別れ、仙台から北陸まわりで松江（島根県）に到着した。その駅頭で「敗戦の通報」を聞いた。同じく勤労動員か、「駅員」役をしていた、若い女性からだった。すでに、東海道線は空襲でズタズタだったのである。広島へ着いた。

その日、見た光景は忘れられない。否、それから毎日見た光景である。女や子供、そして少年や青年をふくむ、多くのやり切れぬ悲惨な屍体。否、傷跡にうごめくうじの満ちた、生きた「肉体」の数々だった。その中に「軍人」もいたかもしれないけれど、ほとんど〝見分け〟のつかぬものが多かった。

そういう、生涯忘れえぬ経験をもつわたしだったから、大前さんの「データにもとづく事実」とその上に立つ率直な「立言」は、そのままうなずくことができた。感動したのである。

八

問題の核心は、次の点だ。

大前さんが、冷静に、理性的に、このような話をすると、相手のアメリカ人は、はじめは驚き、困惑する。しかしやがて、氏によってしめされた「事実」と「メッセージ」に、深くうなずくに至るという。そして相手の「大前さんを見る目」が変り、「商談」がにわかに、スムーズに流れはじめるという。その方法を、長い期間、氏はつづけてこられた。そして「経済上の成功」もまた、収めてこられたのである。いわゆる「書生論」のレベルではない。貴重な経験論だ。

九

アメリカへ行く、日本の会社員は、あらかじめ〝言いふくめ〟られるという。いわく、

「一、パールハーバーの問題には立ち入るな。
一、原爆の問題には、向うが聞いてきても、正面からは答えるな。『よくは分らない。』という立場を守れ。」
等々の「掟」が、不文律のように教えられるという。商売のための「金科玉条」だ。大前さんも、それをよく知っておられた。

けれども、相手のアメリカ人の「目」から見れば、これは「不気味」だ。ノッペリした、感情のない「妖怪」じみて見えるのではあるまいか。なぜなら、人間なら当然、これらの問題、「パールハーバー」や「原爆」に対して「感情」をもつはず。それが人間だ。

だが、目の前の、「日本人」が、これらの問題に一切ふれず、ふれられても「答えない」とすれば、明らかにそこに「防禦の故意」すなわち、一種の「ズルガシコサ」を感じるのではあるまいか。

その場合、相手は、眼前の「日本人」に対して、本当に「信頼」するものだろうか。アメリカ人も、「人間」である限り、当然「警戒」する。相手に対して「用心」する。これが人間として、当然だ。

そこには、真の「人間、対人間」の交流は生じないのである。大前さんは、その逆を行った。正面から、人間としての「感情」と「理性」を〝隠さなかった〟のである。そこから「信頼」が生じた。それが商売上の〝緊密な関係〟をも保障することとなったのだ。

もちろん、そのさいの「大前さんの意見」がすべて〝正しい〟とは限らない。向うから、「正当な反論」のある場合もあろう。そのさい、大切なこと、それは、

「なるほど、あなたの言う通りですね。」

と正面からうなずくこと。うけ入れることである。そこで「二人の間の信頼」そしてその中での「交流」は、一段と深まるのである。それが肝心だ。

こう聞いてみると、わたしは了解した。わたし自身の「学問」に対する方法や覚悟と、それは全く同じだった。それはただ一つ。人間としての誠実性を守ること。そして人間対人間の「交流」を貫くこと。それだけなのだった。

わたしは、十四歳とし下の大前さんに「知己」を見出した。偶然にも、氏は仙台の出身。その場所はわたしが仙台で最初に下宿させていただいていたお宅から、それほど遠からぬところだったように思われる。

雨の中のその一夜はすがすがしかった。

注

（1）後で知ったことだが、一人だけいた学生というのは駒木《こまき》亮《あきら》さん〈学部〉の間違いで、久下貴司さん〈院生〉、稲垣悠さん〈学部〉は、最初の回のみであった。

（2）山田化学工業株式会社。古賀達也さん勤務。

（3）古田史学論集『古代に真実を求めて』第四集（二〇〇一年十月十日）、明石書店刊、収録。

二〇〇五年五月八日　記了

（「閑中月記」第三五回、『東京古田会ニュース』第一〇二号、原題「大前和秀」）

ケンブリッジ

一

コプト語に異変があった。担当の宮谷教授（四月から、定年退職のため、講師）が体調を崩され、五月中、休講がつづいていた（第二～四週）。六月から、代講がダヴィッド・ヴイダーさんとなった。スイスのベルン大学出身（ドイツ系）の方である。年齢は五十歳くらい。御元気で、親切。日本語も明晰。幸いだった。

ただ、授業方法はちがった。宮谷さんの場合、前の時間の内容を次の時間に小試験で確認、ということで、「生徒」の心臓が痛んだ。

ヴイダーさんの場合、「試験」はない。ただし、次の課の練習問題（エクササイズ）を生徒にやらせる。(1)「生徒」といっても、わたしをふくめて二人しかいないから、一題もしくは二題づつ、交替でやる。

当然、「予習」してこなければならない。しかし、その教科書は英語だから、「文法用語」も、当然英語。それで、「解説」してある、肝心のコプト語の「文法構造」を、先ず、〝理解〟する必要がある。そのおぼつかない〝理解〟に立って、新たな「練習問題」に挑戦する。一題をやるためには、今までの、すべての「文法」と「単語」に当る必要がある。コプト語の場合、日本の古文や漢文のように、必ずしも〝分ち書き〟されていない。一見「一語」に見えて、実は「主語プラス接頭語、プラス動詞」といった、複合した「単語構造」であること、珍しくない。むしろ、常態である。その分析が不可欠だ。だから、一題を〝解く〟のに、一時間、二時間と費《つい》やす。各課とも、練習問題は五～六十問題もあり、豊富である。

次の授業（各週、木曜日）まで、五～六日つぎこんでも、足りない。そういう、この六月中だった。

先週は、人に会ったとき、足がガクガクして困った。むしろ、よたよたといった方が正確である。京大の構内を〝にじる〟。みっともない限りだ。自分には原因は分っていた。睡眠不足である。用心して、ゆっくりと歩いた。

昨日（六月三十日）、授業を終えて〝見通し〟が立った。次の七月七日が、最終日。その日までの分の「予習」は、大方すんでいたからである。

二

今、「人に会った」と言った。妙齢のお嬢さんである。英国の名門、ケンブリッジ大学の学生。昨年十月、研究調査のため、日本に来た。ヘレン・ケニヨンさん。学部の最終学年の来年四月、卒業論文提出の予定という。

彼女の研究対象は、乃木希典将軍の殉死である。「乃木将軍はなぜ、殉死したのか。」「その殉死を、当時の各界の日本人は、どう評価したか。」等の課題だ。

東京の乃木神社の藤田忍さんからの御紹介である。藤田さんは、きわめて親切、かつ周到な方だ。今まで、いつも御助力いただいた。相手の思想・信条にかかわりなく、いつも手を尽くして下さる（しかし、この八月で御退職とのこと。惜しい）。

この藤田さんから、ヘレンさんについて連絡が来た。彼女は今、京都に住んでいるとのこと。古田さんに会えば、いろいろ役立つかも、との伝言だった。

京都駅で会った。六月十七日金曜日である。駅の前の中央郵便局でお会いする予定だった。だが、予定の十一時（午前）を過ぎても、現われない。二十分くらい待って、携帯に電話した。相手が出た。「どこにいますか。」「郵便局の前にいます。」「えっ。」問題は、「内と外」だった。わたしは、十時半頃着き、内部の椅子に座って、原稿を読み直していた。ヘレンさんも、かなり早く来て、郵便局の外（入口）で待っていた。十一時前には、わたしは何回か、局内を見渡したり、歩いてみたりした。しかし、見当らなかった。その間、彼女は、ずーっと「外」で待ちつづけていたのである。

三

お話は、すばらしかった。彼女がケンブリッジで聞いた講義で、乃木将軍の殉死の話があった。フィンランド人の先生だったという。その話では、

「武士道は、江戸時代に栄えた。明治の乃木の時代は、それが〝過ぎ去った〟あと。その時点の殉死だから、いわば消え去る前の姿にすぎぬ。」

と。大体、そういった評価だった、という。けれども、彼女は疑問を感じた。
「日露戦争では、大量の戦死者が出た。二〇三高地の激戦は有名だ。だとすれば、乃木将軍の殉死は、やはりそれとかかわりがあるのではないか。」
この問いである。先生にぶつけた。だが、先生は従来の評価を変えられなかった。そこで彼女は、直接日本に行き、この問題について確かめたい。そう思って、日本に来たのだという。立命館の高校・中学で、英語のアシスタント教師をして稼ぎ、その間の研究を志されたのである。

わたしは驚嘆した。先ず、「問い」が鋭い。ナチュラルだ。そして人間の感覚を基礎にしている。これが大切だ。第二に、その頑固さ。先生の「反論」にもめげず、自分の感覚を、実地で確かめようとする姿勢。これが本当の学問精神だ。洋の東西を問わない。フィンランド人の先生も、アングロサクソンの少女の「頑固さ」に内心〝舌を巻かれた〟のではあるまいか。第三に、行動力だ。自説の「当否」を確かめるため、実地に飛ぶ。しかも、一年間、アルバイトで稼いで〝過す。〟見事だ。もちろん、各高校や中学にアシスタント教師として「ネイティブ」の人をやとう。これは、最近の傾向だ。また、彼女が英語圏の人間だからこその有利さ。そう言うこともできよう。しかし、見方を変えれば、このような「果断な実行力」こそ、アングロサクソンをして、地球上にその勢力を〝圧倒的〟ならしめた、その一因。そう見なすこともできるのではないか。

わたしは京都駅の構内の「うどん屋」さんで、彼女の話を聞きながら、そのように感じていた。彼女はにこやかにあいづちを打ちながら、わたしの話をじっと聞いていた。また、語っていた。彼女は二十歳を出たばかりの、少女。これから華ひらく前、若々しい美しさの持ち主だった。

四

次の金曜日（二十四日）、京大へ行った。この前と同じ、郵便局。今度は「内」で十時（午前）に会い、バスで百万遍へ行った。同じ「金曜日」だったのは、例のコプト語（木曜日）の、次の日だったからだ。「予習」のために、〝十分に〟日取りの余裕のとれる日、それがわたしにとっての「金曜日」だったのである。彼女も、金曜日には、アルバイトがなかった。

それが〝あだ〟となった。「予習」疲れで、睡眠が十分とれていなかった、その翌日、朝から出かけた。それがよたよた歩きの原因となった。京大の構内を、彼女がわたしの鞄の一つを持ってくれた。昔見た「美女と野獣」という映画の題さえ思い出した。

だが、収穫は甚大だった。京大の附属図書館には、明治から大正への朝日新聞が蔵されている。それは知っていたけれど、館内のパソコンの、インターネットで「乃木」「殉死」を検索すると、二百数十項目の新聞記事が立ち現われた。わたしのような「旧・研究者」には、使ったことのない世界だった。

他に、もう一つ。彼女は同時代の「評価」として、志賀直哉の日記を探していた。彼が、乃木の殉死を聞いて「馬鹿な奴だ。」と言ったのは有名なエピソードだが、彼女はその「原典」に当りたかったのである。はじめ、「志賀直哉なら、すぐ分る。」そう思っていたけれど、実際に文学部の方の図書室で当ってみると（ここでは、わたしも時としてパソコンで検索する）、意外にも面倒だった。種々のタイプの全集本が戦前から戦後にかけて何回も出版されているが、日記となると、必ずしも収録されていない。幸いにもわたしが、水野孝夫さん(2)から、そのお得意のインターネット検索で教えられていたので、指定の巻数を頼りに探してみると、あった。はじめに行った附属図書館の方に「鎮座」していたのだった。

その個所を、彼女は探し当てた。それを見ると、ちがった。もちろん、例の一句は、そのままだけれど、前後の状況を見て、わたしはハッとした。志賀直哉の「判断の構図」が見えてきたのである。やはり、正解だった。彼女が「周知の一句」だけに満足せず、その「原典」の、その個所で、この一句をとりまく状況を確認しようとした。それは正しい姿勢だったのである。附属図書館の中の新聞閲覧室で、わたしは彼女と握手した。

彼女はやがて、すぐれた学術的研究者、日本文化、いや日本の「魂」の理解者として、二十一世紀の中葉に地球の一角でさわやかに〝輝いて〟いることであろう。わたしはそれを確信する。

五

わたしには、明日がない。否、それを〝期する〟ことが不可能である。すでに八十歳を来年にひかえる今、この夏を無事に越すことができるか否か。不明である。

しかしわたしは、人生の最後を、あとのこの五年間に賭けたいと思っている。学界に問いたいこと、世界に問いかけたいこと、山積している。たとえば、最近新聞紙面をにぎわせている靖国問題。これに対する、日本思想史学界からの「発言」が見られず、日中間の〝あつれき〟に悩む政治家が、その「発言」を一切聞こうとしないのは、なぜか。いわゆる靖国問題は「日本思想史」とは、本来無関係の分野なのであろうか。

この九月、わたしは東京（九月十七日、土曜日、豊島区南大塚ホール）と京都（九月二十四日、土曜日、京都駅そば、アバンティホール）で、生涯一度の「問いかけ」を行いたい。日本の学界に対して、そして日本の国家、そして中国の国家と青年たちに対して。
——もし、わたしがこの夏を無事越えて秋を迎えることができたならば。それは天のみが知るところであろう。

注

（1）駒木亮さん（学部）。

（2）「古田史学の会」代表。

二〇〇五年七月二日　記了

（「閑中月記」第三六回、『東京古田会ニュース』第一〇三号）

訃報――平野・藤田氏

一

わたしは御霊前に坐し、深く頭を垂れた。
故、平野雅曠《まさひろ》さんのお部屋の中だった。そこには生前、平野さんの描かれたという画作の数々が一面に飾られていた。あとでお聞きすると、青年時代、画家志望だったとのこと。さすがに〝素人ばなれ〟のした作品だ。だが、いずれも写実的で明快。分りやすい画風である。全く知らなかったけれど、定年退職（市役所）後の余生の一半はこの方面に注がれていたようだ。青年の夢を晩年に果された、幸せな人生だったようである。

二

わたしの知っていたのは、古代史関係の探究者、そして旺盛な筆力の持主としての平野さんだった。

特に、九州王朝の立場から熊本県内の史料、また九州関係の史料を見るとき、注目すべき「発見」がある。それらを相継いでマークされ、佳篇『九州王朝の周辺』を上梓された。そこに収録された各篇は、すでに「市民の古代」「古田史学の会」その他の諸会誌に発表された所見に連なっている。

わたし以外の方が、「九州王朝」の立場から歴史を見る、資料を見つめ直す。——それ自体、貴重なことだ。いわゆる「学界」が、敢えて目をそむけていること、周知だからである。平野さんの「発見」は、今後の日本古代研究史上の重要な一足跡となるであろう。わたしはそう思った。

三

平野さんは書いておられる。

「郷土の史蹟調べも、今では一応終った状態にあるが、退職前、宮崎康平さんの『まぼろしの邪馬台国』を読んだのがきっかけで、職を止めたら、日本の歴史を初から勉強し直してみようと思っていた。

こんな時、朝日新聞社版の『「邪馬台国」はなかった』が私を開眼させた。著書、古田武彦氏の実証的研究、殊に九州王朝論は、九州生まれの私の共感を呼んだ。

氏の発表した『九州年号』が、肥後国誌や肥前叢書などにも、幾つも出ているのを発見した私は、何度か古代史関係の雑誌に発表した。

五十六年夏、古田氏は熊本探訪のついでに拙宅までやって来た。多分私を偉い研究家と感違《ママ》いしてのことか、或は私の記事が氏の研究に幾分のプラスしたことを認めてのことであったろう。」(「趣味を友とし五十年」)

もちろん「感違い」「幾分のプラス」は、氏の謙辞である。

四

なつかしい一文を見た。

『「邪馬台国」はなかった』（読書感想文）

と題する、氏の文章だった。

「『ヨーロッパの殆どの学者たちが、トロヤ滅亡の物語を単なる神話としてあざ笑った時、シュリーマンは只一人、吟遊詩人ホメロスを信じた。そして「イリアス」や「オデッセー」の一字一句を疑わず、遂にダーダネルス海峡のほとり、トロヤの廃墟に到達した…。しかし誰も本当に信じなかった。『三国志』魏志倭人伝の著者、陳寿のことを。

シュリーマンがホメロスを信じたように無邪気に、そして徹底的に陳寿の総ての言葉をまじめに取ろうとした人は、この国の学者知識人の中に一人もいなかったのである。』と著者、古田氏は序言の中でこう嘆いている。」

氏はこのように書きはじめられた。わたしの著書の引文だ。その上で、わたしの立説の方法や所論を、手ぎわよく解説される。そして

「今尚『まぼろしの邪馬台国』として女王国の夢を追い続けている中にあって、古田氏は原著の正当性を信じ通して、遂に正しい魏志倭人伝の科学的解明に成功し『邪馬壹国』発掘の見取図を発見したのである。」

とのべ、その結論として、

「これまでの、身勝手な改定への理路整然たる反証や新しい解明によって、倭人伝が只に古代日本の地理風俗を伝える見聞録たるのみならず、縄文期日本人のアンデス文明圏への飛躍さえ暗示させる記録書であることを説いている。この本こそ真に我国歴史学界の革新的な著書と言えよう。」（昭和四十七年記）

「読書感想文」というのは、氏独特の謙辞だが、わたしの本の「中味」を正面から受けとめ、端的に評価して下さっているのに驚いた。当時（昭和四十六〜四十七年）、多くの「論評」が現われたけれど、必ずしもわたしの著書の真意を捉えたものばかりではなかった。むしろ、稀少だったのである。

最初に「なつかしい」と書いたけれど、この評文そのものを見たのは、今回がはじめてだった。娘の詩子《うた》さんからいただいた『鄙語随記《ひごずいき》』に収録されていたのである。

二〇〇五年（平成十七）、四月二十四日、九十四歳で没せられた。御冥福を祈りたい。

五

大往生をとげられた平野さんに対し、悲痛としか言いようのないのが藤田友治《ともじ》さんの訃報であった。今年の三月三十一日、藤田さんは私の家に来られた。そして一日中、話しこんでゆかれたのである。楽しかった。その来訪目的は「君が代」問題だった。藤田さんが今年の一月末、出された本、『「君が代」の起源——「君が代」の本歌は挽歌《ばんか》だった』を読んで、わたしには「?」が生れた。その論旨が理解しがたかったのである。

その論点は次のようだった。
（一）万葉集に、次の歌がある。
妹が名は千代に流れむ姫嶋《ひめしま》の子松が末《うれ》に蘿生《こけむ》すまでに（巻二、二二八）
（二）古今集巻七（賀）冒頭の「君が代」（第一句「我君は」）の「本歌（もとうた）」は、右の万葉集の歌である。
（三）右の万葉集の歌は、明らかに「挽歌《ばんか》」である（和銅四年〈七一一〉、河辺宮人の「嬢子の屍を見て悲嘆作歌」と題されている）。
（四）従ってこの「挽歌」を「本歌（もとうた）」として作られたと見られる、古今集の「我君は」もまた、「挽歌」でなければならない。
（五）しかるに、これを「賀歌」としている紀貫之（古今集）はまちがっている。
（六）それゆえ「第一句」（「君が代」は）のみちがっているけれど、ほぼ同じ歌と見られる、著名の「君が代」もまた、「挽歌」である。
――以上だ。

六

わたしはこれに対して、不審をのべた。

第一、「本歌」は「ほんか」と読む。「もとうた」ではない。なぜなら、この用語は江戸時代などの「狂歌」を作るさい、その典拠とされたところを指すからである。

第二、従って「もとうた」という読みは、右の〝転用〟である。

第三、「本歌（ほんか）取り」の場合、典拠（A）と狂歌（B）との間に、「同一ジャンル」でなければならぬ、といった〝きまり〟などはない。むしろ〝きまり〟などないところに、狂歌のもつ「自由」な姿、本来の面目があろう。

第四、それゆえ、かりにこれを〝転用〟して「もとうた」と読んだとしても、「典拠をなす歌」（A）と「それを承けた歌」（B）との間に、「同一ジャンル」でなければならぬ、といった〝きまり〟も、〝法則〟も、ありえないのである。

第五、次の問題が、もっとも重要だ。わたしは「君が代」（「吾君は」と共に）を以て「九州王朝の賀歌（讃歌）」と見なした。すなわち、七世紀末以前の成立だ。だから、右の万葉集の歌（七一一）以前の歌と考えている（『「君が代」は九州王朝の讃歌』）。

第六、さらに古賀達也氏は、右の万葉集の歌（巻二、二二八）を以て「君が代」をもとにして歌われたもの、として論証しておられる（『「君が代」、うずまく源流』）。

第七、従って藤田氏が新説として「万葉集の右の歌から、『君が代』（「吾君は」）への影響」という〝伝播関係〟を、改めて唱えられるのなら、右の古田・古賀説に対する的確な反論が不可欠だ。それがない。

以上の点、申し上げた。藤田さんは、必ずしも古田・古賀説に反対のわけではなく、両方（古田・古賀説と藤田説）とも〝成り立つ〟立場すなわち「二重構造」もしくは〝ダブル・メッセージ〟と見る旨のべられたが、結局わたしには了解できなかった。

そしてわたしの新著の中で、古今集の史料批判を行うこと、その骨子をのべ、藤田さんもその出版を待って下さる、と。以上、ことの次第を快諾された。(1)

七

けれども、このとき、すでに藤田さんの中心の「関心」は、「君が代」問題ではなかった。昨年来の「井真成、墓誌」問題に没頭していたのである。どっさり、と持ち込まれた資料は、その関連資料だった。藤井寺市の市民団体の方々との共同研究、そして藤田さんの歴史・哲学研究所の手によるシンポジウムとその出版へと熱中しておられた。当日のほとんどは、この問題の討論だった。わたしはのべた。

この問題には、新聞発表当時から疑問があった、と。

その肝心の一点は「この墓誌の中に、当人（井真成）が、遣唐使或はその随員として当国（唐）へ来訪した年月日が記されていない。」ことだ。だから彼を以て「遣唐使」もしくはその随員、または「留学生」として〝認める〟ことは困難である。

もし彼が「日本国から唐朝へ」の公的な遣使の代表者、もしくは随員、あるいは「留学生」の類であったならば、他の何よりも冒頭部にその一点を書くことが、不可欠である。

その事実は、唐朝自身の知るところ。そして何よりも、当人（井真成）の知るところであること、疑いがない。とすれば、

「何年何月、日本国より唐朝に至る。」

の一言を以て彼の経歴は、はじまっていなければならぬ。しかしそれは、一切ない。

没年月日と没年時の年齢まで明記している、この「公的な墓誌」において、その一点を「うっかり、ミス」で書きもらした、などということは決してありえない。以上のようにのべた。

この時、藤田さんの残してゆかれた資料群が、わたしをして「井真成、研究」に没頭した四～五月の日々の「基点」となった。そして五月二十二日、明治大学のリバティ・ホールで講演した、わたしの「発見」の源流となったのである。

その結果、九州の阿蘇山麓の産山《うぶやま》村を中心とする一体に集中分布する「井」姓の方々への探訪、その研究へとわたしは馳り立てられたのであった。藤田さんのエネルギッシュな活躍のおかげと、今しみじみとかみしめている。

その望外の、熊本県における多大の収穫を、藤田さんに報告するのを楽しみとしていた、八月二十七日、突然の訃報に接した。慢性の動脈瘤乖離《りゅうかいり》の手術、本来「短時間ですむ」はずのものだったとのこと。が、二十六日から二十七日にかけて、危篤状態に入り、再び人々の前に姿を現わされることはなかった。この八月、五十八歳になられたばかりという。――ああ。

二十九日の葬儀で、三男の治さんが父親の詩「海辺に立って」をひき語りされた。同じく、先輩の方の絶妙のハーモニカの独奏と共に、わたしの心の底に残った。

九月十七日（東京・南大塚ホール）と二十四日（京都・アバンティ・ホール）の二日とも、わたしの前で聞いていて下さい。「井真成、問題（その後）」を話します。貴方と共に深い関心をもちつづけてきた「日中問題」、そして「靖国問題」も。うなずきながら、時に腕組みしたりする、貴方の姿が浮びます。

「市民の古代」以来、いつも快快な、そして暖かい声を聞かせてくれていたこと、忘れません。後継者も、次々と育っていますから、安らかに眠って下さい。そしてもし、「これは？」と思えば、遠慮なく呼びかけて下さい。あの世から――。

注

（1）『盗まれた神話』（古田武彦・古代史コレクション三）所収「日本の生きた歴史（三）」第三「君が代」（二〇一〇年）及び『壬申大乱』（同コレクション十三）所収「日本の生きた歴史（十三）」第四「君が代」論（二〇一二年）。

二〇〇五年九月三日　記了

（「閑中月記」第三七回、『東京古田会ニュース』第一〇四号、原題「訃報」）

原田夏子さん

一

『なかった――真実の歴史学』創刊号の反応は、有難い。ながらく、交信のなかった人からも、思いがけぬ便りがある。

藤原遙《のぼる》さんからおくられてきた『日本学研究』第三号も、その一つだった。藤原さんは国立岩手大学の名誉教授だが、わたしの後輩である。東北大学の日本思想史学科出身だ。すでに村岡典嗣さんは亡く、しばらくしてあとを承けた石田一良さんの時の学生だった。

定年退職後、東京に住み、日本学研究会を組織、その第三号の「特集・戦後六〇年、被爆六〇年――」を送ってこられたのである。彼は広島出身、御父上は広島西高等学校にいたと記されているから、同じ広島の第二中学校の校長だった、わたしの父親とも、あるいは面識があったのかもしれない。

この第三号の中で、わたしの目を特に引きつけたもの、それは原田夏子さんの、

「東北帝国大学入学から敗戦まで」

という一文だった。

二

当時、彼女は国文科の学生。国文科はわたしのいた日本思想史科と「同室」だった。もちろん、人数の多い国文科が主、わたしたちの方はその一画に助手の梅沢伊勢三さんが坐っておられた。そこを拠点として、わたしの兄貴分、原田隆吉さんとわたしはたむろし、熱論・放談に明け暮れていた。向いの教授室におられた村岡典嗣先生はすでに亡い。歳もかなりはなれ、鷹揚《おうよう》で、村夫子然《そんぷうしぜん》たる風格をもつ梅沢さんが〝教授代り〟だった。彼にはすでに学校教師の経験があり、志を立て、この大学に再入学してきた方だったのである。

原田隆吉さんは、神宮皇學館大學からの〝転入〟。いつも、にこにこして、悪びれず語る。好漢、という言葉を絵にしたような青年。かけがえのない、わたしの兄貴分だった。

「よし、それを国史の連中に言ってやりましょう。古田君、行きませんか。」

否《いや》も応もない。道場破り、よろしく、他の研究室へ押しかけ、そのときいた助手や学生に議論をふっかける。原田さんの人徳で、その行為は自然で、全く〝いやみ〟を感じさせなかった。

三

そのとき、おられたのが古田夏子さん。わたしと同じ「旧姓」だった。日本女子大学から来られた方で、何歳か歳上のため、こちらには手のとどかぬ高嶺《たかね》の花。そういう存在だった。いわば「あこがれ」の人だった、といってもいいであろう。

ところが、ある日。隆吉さんから夏子さんとの「間《あいだ》」を知らされたとき、呆然《ぼうぜん》とした。

「やったな、先輩。」

その道にうとい、わたしなどには脱帽の他はなかった。「あれほど、自分は原田さんと一緒に行動していたのに。いつ？」今思えば、うかつ。当たり前すぎることだけれど。感服した。

東北大学は東京大学や京都大学とは異なり、敗戦前から女子学生の入学を認めていたのである。

四

今回の夏子さんの一文は、次のようにはじまっている。

「私が東北帝大に入学することになって、東京から仙台に来たのは、昭和十八年九月末のことである。太平洋戦争は二年になろうとし、二月にはガダルカナル島を撤退、五月にはアッツ守備隊玉砕、九月には同盟国イタリアの連合国側への無条件降伏というような悲報がつづいていた。

仙台駅に下り立つと激しい雨が降っていた。（下略）」

そして十月一日の入学式。学部長は高橋里美教授。この先生は、わたしも授業を受けた哲学者。そのお祝いの言葉を聞く。

「学部長のあとに登壇したのが、陸軍の配属将校N大佐。終始必要以上の大声と威圧的な態度には、私のように今までこうした人物に接したことのない者を怖れさせるほどであった。大佐の大演説でひとつだけ頭にのこったのが『セイサツヨダツノケン我にあり』と言い放った言葉。何のことか不明のまま大学を出て帰る途で、卒然として漢字が思い浮かべられた。『生殺与奪の権我にあり』の意味であることを。苦労の多かった受験勉強を経て、志望の大学に入れたよろこびも、この一言で打ちくだかれる思いをした。」

まさに、「時代」を感じさせる一節だ。わたしが入学したのは、昭和二十年四月。「戦後」ではなく、「戦中」の最末期だったけれど、このような「入学式」の思い出はない。すでに、敗色歴然たる時間帯だったから、この「N大佐」にも、大言壮語の余裕はなかったかもしれない。

わたしには、四月二十日頃からはじまった村岡典嗣教授のすばらしい授業や演習の思い出だけ鮮烈だ。だから、或は〝形式化〟していた入学式など、関心がなかったのかもしれない。不明だ。

ともあれ、東北大学時代の「配属将校」なるものにお目にかかった経験がない。足かけ三ヶ月の、貴重な蜜月（村岡先生のもとにあった時間帯）のあと、宮城県北の志田村（現、古川市）へと勤労動員に出たためであろう。そのあと、夏休み。そして敗戦である。

広島の旧制高校時代には、「配属将校」についての経験がある。あるけれど、学生は彼に、或は彼等に〝非協力〟的だった。青年らしい、潔癖な「軍国主義」への反発である。彼等に〝抵抗〟するための「会合」へ呼ばれたこともあった。未然に終ったけれど、学問の純粋を守るための〝動き〟だったようである。ともあれ、配属将校たちにとって、多くの旧制高校は「鬼門」だったと思われる。思うように〝動いて〟くれないのだ。各学校に「配属将校」をおいて、学校と学生を〝統治下〟におこうとした軍部の思わくは、少なくとも「旧制高校」の場合、多くは難渋したようである。

たとえば、軍事教練の時間。教官が「銃《つつ》を前へ。」と命令をかける。学生たちは、木製の銃をかまえる。「すすめ。」という号令。学生たちは、いっせいに前へ駆け出す。若者の足だから、数分もたたずに、塀にぶつかる。塀は〝生け垣〟だから、外へ抜けられる。そのまま、外の街並《まちな》みへ出てしまう。それで「教練は終り」なのだ。

　学生の「不協力」に手を焼いた、教官（配属将校）の「妙案」なのであろう。その前の教官は、学生との間がうまくゆかず、更迭《こうてつ》させられた、とうわさされていた。

　このような実体験をもっていたわたしたちだったから、敗戦後、マッカーサー司令部から、「軍国主義的教育制度廃止」の号令のもと、この「旧制高校」という制度も、共に廃止させられたとき、その真の意図に、深い、

「？」

を感じたのである。要するに、アメリカ側にとっては、

「日本には、エリート不要。」

この占領方針だったのではあるまいか。アメリカにはハーバードなどがある。それだけでよかったのであろう。

　旧制高校から大学へはいるとき、「受験」は不要だった。

五

夏子さんの記述はつづく。

「『東北大学五十年史』に『十月二日、在学徴兵猶予全面停止』とあるが、八日に学内の出陣学徒壮行

式が行われた。」

わたしは「予備学生」を志願しなかった。志願すれば、「徴兵」を避けることができる。そういう仕組みだったけれど、わたしはその「特典」をうけるつもりはなかった。「徴兵」されたら、一兵卒として〝参加〟するつもりだった。

徴兵検査を受けた。眼鏡をかけていたから、乙種合格。赤紙を待っていた。赤紙とは、「徴兵」の通知である。

「日本は敗けるよ。」

旧制広島高校時代、いつも(三日にあけず)、おうかがいしていた岡田甫《はじめ》先生のお宅で、右の一言をお聞きしたのは、すでに二年近く前のことだった。以来、それを疑ったことはなかった。

「それからが君たちの、本当の出番だ。」

その低い声は、わたしの肺腑に沁みていた。

しかし、その出番と「徴兵」による「第一線への、駆《か》り出し」と「戦死」。どっちがはやいか。全く不明だった。——運命だ。

六

夏子さんは書く。

「講義はその頃から新年度の開始となり、どの教室も学生であふれていた。一番学生のつめかけたのは、『三太郎の日記』の著者として高名な阿部次郎教授の美学だったようだ。教室は五十席ぐらいあったろうか、それが一杯の上、机と机の間に座り後ろに立ち、廊下側の窓をはずして外にも沢山の学生が専攻を越えて立ち並んだ。学生たちは咳一つせず、静かに講義に聞き入っていた。他の教室も同様で、こうした学生たちの多くは、十二月一日の第一回の学徒出陣（海軍は十日）を控えている。少しでも多く、大学での講義を聞いておきたい、学んでおきたいという痛切な思いは共通していたといえるのだった。」

わたしが入ったとき、昭和二十年の四月には、様相は一変していた。この阿部次郎さんの演習に出席したのは、わたし一人だけだった。ニーチェの『ツァラトストラかく語りき』の原文（ドイツ語）が教材だったが、学生が一人のため、「予習」は毎回、わたしに〝当っ〟ていた。

なんとも、〝ぜいたく〟な演習だった。それも、〝足かけ三ヶ月〟で終ったのである。

七

夏子さんはつづける。

「この出陣式のあと、各教室は極端に学生の姿が減ってしまう。講義は十九年の秋までを一年度として続けられたが、教室に出ているのは病弱もしくは年齢の高い女子学生のみとなった。特に少人数ながら女子の出席はよく、目立った。そんな時である。仏文の桑原武夫助教授が腹立たしげに、『いっそ東北帝国女子大学と看板を書き換えたらいい』と言われたのは。私が構内を歩いている時、うしろにこの桑原先生の声高にいわれるのを聞いてしまった。悲しかった（かつて、女子学生の門戸を開いたのがこの大学だったのでは…）。」

真面目な女子学生、夏子さんを悲しませた、この放言も、あるいは、桑原さん独自の「時代」に対する諷刺のメッセージだったのかもしれない。大学に集《つど》うた知的俊秀を、ただ軍部支配下の「一肉体」として消耗するしか能がなくなった、大日本帝国の現状に対する、批判のメッセージだ。わたしにはそのように思われる。

昭和二十一年（一九四六）四月、わたしが広島から仙台へ帰ったとき、村岡先生はその直前、亡くなっておられた。しかし、桑原さんは意気軒昂《けんこう》、「第二芸術論」で世をにぎわしておられた。

「俳句など、芸術ではない。あえて言えば、第二芸術だ。」

という、当時の俳句界を、否、日本の論壇を驚倒させた提言で、一躍有名人となった。学内でも、学生の質問があれば滔滔《とうとう》と弁じられた。それを学生が国文科の主任教授、岡崎義恵先生に報告すると、岡崎さんは激怒してこれに反論する。すると、学生はそれをふたたび桑原さんへ――。

こういった経緯は、当時国文科の学生だった夏子さんも、よくご存知だったであろう。

原田さんも、この話をわたしに教え、研究室の仲間と共に大いに論じ合ったものである。なつかしい。

八

夏子さんの文章の本領は、事実描写が鮮明、そして細密なことだ。

「『空襲』は私には突然のように起こった。疲れてぐっすり寝込んでいるのに、引っぱり起こそうとする手が、眠いと抗う私をなおも強硬に引き起こそうとする。その手を妹と思った途端に目が覚めた。大変よ、空襲よと妹はせきたてる。着たまま寝ているので、すぐ起き上がり、枕元にかねて用意の避難時の必要品を入れたリュックを背負う。廊下に出て雨戸を一枚開けて驚いた。表通りの向こうの育英中学校の校舎がすでに猛火に包まれている。これはいけないと玄関を出ようとした時、シュルシュルサアサアという不気味な音と共に、激しく家鳴り震動する。妹は靴を忘れたと止めるのもきかずに部屋へ引返す。私は防空壕のある裏へまわってみた。そこで見たのは、焼夷弾でこわされた防空壕と、その傍らで空バケツを持ったまま土気色の顔をして呆然と立っている下宿のおばさんの姿だった。」

このあと、

「のちにおばさん母子は無事で故郷の新潟へ帰ったと風の便りで聞いた。」

とのべ、女性らしい、きめの細かさ、そして気くばりを見せている。

この直後、B29爆撃機（百二十余機）による仙台空襲は七月十日早暁。

「被害人口五七、三二一人、死傷三、〇〇〇人と市の記録にあり、焼失区域は市内中心の殆どに及んだ。」

とのべられている。この時、わたしは志田村にいた。両地は宮城県北部（志田村）と中部（仙台市）と、かなりの遠距離だけれど、わたしはその「火の手」を見た。志田村の南方、仙台市の上空とおぼしきところ、天をこがすような火の壁が上空に立ちのぼっていたのである。

「仙台が空襲ですね。」

泊っていた農家の、家の方々と話しながら、それを見た。その下に、夏子さんもいたのである。

「住居は転々としたあげく、ご縁あって清水小路の耳鼻科の医院にお世話になった。」

そして、その日。

「こうして運命の八月十五日がきた。造兵廠は朝からざわついていたが、お昼に集められて、職員も学徒も一緒に、いわゆる玉音放送を聞いた。ラジオの具合がわるく、ガアガアと雑音が入って聞きとりにくかったので、天皇のお言葉の意味がよくわからなかったが、皆直立してうなだれ、粛然と佇《た》っていたので、うまくなかったという想像は出来た。しかし全面降伏とは思わなかった。」

わたしの場合、八月十五日は出雲。島根県の松江の駅。仙台から広島へ向ったのだが、太平洋岸の東海道線は、不通。日本海岸の鉄道を通った。空襲のたびに、下車。何回、乗り直したか、数しれない。そして松江駅に着いたとき、プラットホームに出ると、若い娘さんが言った。

「戦争は終わりました。」

決して悲しそうな顔ではなかった。むしろ、スッキリした。そういう印象さえうけた。勤労動員の〝にわか駅員〟の方だったのであろう。よく晴れた日だった。

その日の午后、わたしは自分の家のある、広島市内へと向ったのである。原爆投下の九日後だった。

本来、わたしは八月六日の当日、原爆投下の「下」にいるはずだった。なぜなら、志田村の勤労動員は七月三十一日で終っていた。各学生はそれぞれ帰った。――しかしわたしは（改めて書こう）。

九

夏子さんの的確な記述は、わたしの遠い記憶を呼びさます。同学年ではないから、両者の間には「微妙なズレ」がある。それが貴重だ。

だが、この夏子さんの記述には、肝心の人物がいない。もちろん、原田隆吉さんその人である。

「もし、夏子さんが、この筆で隆吉さんのことを書かれたら――。」

そういう〝思い〟が深くひろがってきた。果して、その日は来るか。

二〇〇六年六月二十一日　記了

（「閑中月記」第四二回、『東京古田会ニュース』第一〇九号）

「いじめ」の真相

一

最近、「いじめ」についての報道が相次いでいる。小学生や中学・高校生のいたましい「自殺」が伝えられた。

その上、高校教師や校長の「自殺」まで伝えられる。「学校」という教育の場は、一体どうなっているのか。胸を痛める人々も少なくないことであろう。否、「いためない」人こそ、稀有なのではあるまいか。

わたしも永年、教育の場でその生涯をすごしてきた。それゆえ、「思い当る」こと、決して少なくはないのである。

問題の本質、その淵源はハッキリしている。

二

人間という「猿」は、本来「いじめ」を得意とする動物なのではあるまいか。京都大学で著名な「サル学」の本を、その目からひもといてみたい、と思う昨今だが、猿が集団生活を得意とし、ボス猿にひきいられて行動することは、一般によく知られている。年老いてその「座《ざ》」を失った、旧ボス猿の「孤独」の姿も、同じく良く知られている。

わたしたちに「目につく」のは、右のような〝目立つ〟光景だが、その背景には、組織の中の「いじめ」がある。そのように考えても、おそらく大異ないのではあるまいか。果して、そうか。「サル学」の本でじっくり験証してみたい。あるいは、そこまではいまだ「人間の観察」は十分にはゆきとどいてはいないのであろうか。

三

ともあれ、人間という「猿」が、〝組織〟を得意とし、そのシステムで他の動物を凌駕してきたことは明白だ。一人、ひとりの「力」では、たいした力量はないけれど、〝組織で立ち向かえば〟「無敵の力」を発揮する。他の、個々ではよりすぐれた「力」をもつ動物も及ぶところではないのである。

その組織をあやつるのが、智恵であり、知識である。その中から生み出された弓矢、そして銃砲から原水爆までが、「国家」や「宗教」などの組織の力で、その「すばらしさ」やその「みにくさ」を展開してきた。それが人類の歴史だ。

こうしてみると、その組織の「個人」に対する、〝じめつけ〟としての「いじめ」が決して昨日や今日のテーマではないことが知られよう。人類という「猿」にとっての宿痾《しゅくあ》、永遠の病なのである。

四

大所高所から〝もっとも〟な意見をのべられても、何の解決にもならない。そういう反論が出よう。その通りだ。

だから、これこれの方法——たとえば「教育基本法」の改正など——さえやれば、完全解決、あるいはほぼ解決。そんな甘い「幻想」をもたず、眼前の子供たちの顔や挙動を見つめる。見つめ抜く。その「教師の目」が、眼前の「いじめ」と闘う、教育者にとっての唯一の道なのである。

そのような現場の教師の「自由な活動」を尊重し、彼等が活動しやすくする、そして何より誇りを持ちうるようにする。経済はもちろんだ。行政や県や市町村のお歴々はその一点に、自分たちの力量を集中すべきだ。

「教師にまかせておいたら、駄目。おれたちがもっときびしく監督せねば。」

そういった、大人たちの「おごり」は、現在の病を一層深くするにすぎない。

その「監督」が総理大臣や教員組合からの圧力であろうと、いわゆる「父兄たち」からの〝お目つけ〟であろうと、一人、ひとりの教師たちの「自由な魂」とその情熱をしめつけるものであってはならない。そのように「しめつけられた」教師に対しては、子供たちは絶対に「心」を開こうとはしないのである。

学問も、教育も、「自由な魂」なしに成立しえないこと、この一点において何の変りもない。

五

わたしの青年教師時代、身も心も「生徒のため」に打ちこんだ六年間、一つだけ〝心ひそかに〟誇りとしていることがある。それは、その間に、一人も「自殺者」を出さなかったことだ。より正確に言えば、一人も「自殺に成功させなかった」ことだ。

青春とは、自殺の誘惑の只中にある時間である。青年たちは、毎日、死の断崖にのぞきこんでいる。「いっそ。」と思いつめるのだ。

深志高校の時、一人の女生徒がいた。いつも、ニコニコしていて可愛かった。ある日、彼女が学校を休んだ。友達や家に問いあわせても、誰も知らない。翌日、出てきた。「どうして。」彼女は答えた。

「学校へ来る途中、野原を通ったとき、あんまり空がきれいだったから、そのままそこに寝ころがって、一日中空を見ていたんです。」と。

「そう、よかったなあ。お前、いいことしたなあ。おれもしてみたいよ。」

教師がそう答えると、彼女はニッコリして教室へ帰っていった。

両者の信頼関係は一段と深まったのである。

六

生徒の中で、何かトラブルが生じる。それを知った教師はこれを職員会議で議題にする。そして各先生方の意見をたたかわせる。そして結論を出す。指導する。――これが通例の形だ。この職員会議を「教師集団」と称する人々がいる。「校長」や「教頭（副校長）」の〝圧力〟を〝はねのける〟力を賞賛する。

逆に、教育委員会や教育長、そして校長や教頭といった「管理職」の力で、右の「教師集団」をおさえこむ。これが「教育改革」だと、信ずる人々がいる。そのための「教育基本法改正を」と考えているのかもしれない。

しかし、わたしは「ちょっとちがう。」と思う。焦点のおき方が「ずれて」いるのだ。

問題は、生徒と教師との「間《あいだ》」だ。生徒はいつも、「山」のように問題をかかえている。大人から見れば、何でもないようなテーマ、友だちから言われた、何気ない「一言」でも、アルプスの障壁のように眼前に立ちはだかる。解決不能なのである。

親に言っても、叱られるだけ。兄や姉に告げても、馬鹿にされるだけ。一メートルの障壁が千メートルに見える。そして、東西南北、四方にその障壁が立つ。「絶対の孤独」なのである。その「孤独の世界」からは、「死の世界」への一すじの道が開いている。彼を、あるいは彼女を誘惑しつづけるのである。

そのとき、誰かいたら。自分が話しても、他の友達に〝ふれまわらない〟ような友達、自分が相談しても、すぐ「職員会議」などに報告しないような教師、その存在の有無が、一つの生命《いのち》の成否を分けるのだ。

そのような「孤独の顔」をしているのは誰か。教師は、朝も昼も夕も、そのような「顔」を見ていなければならない。彼の「顔」を見ている友達から、常時貴重な情報をえていなければならない。そしてもし、いったん、ことが起きたら、誰よりも早く、その「教師」のもとへ情報がとどく。「教師」は真夜中でも寸刻をおかず、かけつける。当然の「仕事」なのである。

わたしは何回か、「自殺未遂」の現場に立ち会った。そしてそれを一回も「成功」させなかった。――これが、これのみがわたしの誇りである。

七

天下に笑いごとがある。学者の世界だ。わたしが、あるいは親鸞の研究で、あるいは古代史の世界で、従来の「通説」あるいは「定説」をくつがえす「発見」や「論証」の報告をしたとき、必ずそこに生ずるもの、それは完璧な「シカト（無視）」である。「いじめ」の定石。「サル世界」のやり口だ。

わたしの「自殺」を待っても、おそらく無駄だ。だから、わたしのやがてくる「老死」をまちうけているのであろう。おそらく、その期待は、まちがいなく達せられる。しかし、それによって被害を受けるのは、決してわたしではない。日本の学界そのものの「進歩」と日本人の魂である。

そして後代の人々から、「学問のシカト」を守りながら、その論を守る教科書のもとで「いじめ防止」を解く。その行政官や政治家の姿に対して、「千古の嘲笑」が永遠にむけられることであろう。わたしにはその声が今すでに聞えているのである。

二〇〇六年十一月　記了

（「閑中月記」第四四回、『東京古田会ニュース』第一一一号）

「いじめ」の運命

一

前号〔「「いじめ」の真相」〕でのべた。人間とは〝いじめ〟を得意とする動物である、と。「群れ」という名の組織によって行動する以上、それは不可避の性《さが》であるとも言いえよう。

その「群れ」の原点は家庭である。この家庭という名の微小社会こそ、人間にとっての「群れ」のための根本の拠りどころ。そう言っても、おそらくあやまらないであろう。

とすれば、〝いじめ〟を観察しうる根本の場、それは他でもない、わたしたち一人、ひとりの家庭なのである。

このようにのべれば、必ず反論があろう。

「家庭こそ、いじめに対抗する根本の〝よりどころ〟ではないか。」

と。その通りだ。そのような「家庭」に恵まれている少年や少女にとって、あるいは青年にとって、いかなる〝いじめ〟も、彼を、あるいは彼女を「死の底」へと追いやることは極めて困難なのである。

わたしも、そうだった。小、中学校でくりかえし転校を経験した。父親の転職のためだ。父は旧制中学や旧制女学校の教師だった。その父や母に「報告」したことはなかったけれど、〝いじめ〟は転校のたびに、その都度の強弱こそあれ、いわば「日常茶飯事」めいた、通過儀礼だった。

「今は、〝いじめ〟があるようだけれど、昔はなかったよ。」

いい年齢《とし》の大人がそういうのを聞くことがあるけれど、わたしは心の中で首を横に振る。戦時中、昭和十年前後の記憶である。

それらの〝いじめ〟に屈しなかったのは、なぜか。自分ひとりの力量であるかに思っていたかもしれないけれど、明らかに、それはちがう。わたしの中の「家庭」という拠点がその防壁となっていたこと、今考えてみれば、疑いないように思われる。

宗教学者の山折哲雄氏が書いていたけれど、氏も転校のたびに〝いじめ〟を経験されたという(1)。

二

「家庭」には、もう一方、反面の姿がある。文字通りの〝いじめ〟の場としての「家庭」だ。だからこそ、「親の子殺し」「子の親殺し」という、〝あられもない〟見出しが紙面を飾るのである。

これは「特異」なことだ。だが、決してその本質においては必ずしも「特異」ではない。むしろ、「家庭」という名の最小社会の、〝ありのまま〟の写し絵なのである。

人間が生れる。多くは、「家庭」の中で。ある場合は、養護施設ということもあろう。いずれにしても、人間が構成する「社会」だ。だから、そこはすなわち露骨な〝いじめ〟の場ともなりうるのである。

事実、兄弟の相克や姉妹の優劣の比較、それらが一個の人間の心中を貫く「桎梏《しっこく》」となること、少なくはない。そしてそれらが彼の、あるいは彼女の一生を貫く「キイ・ワード」になることも、決して稀ではない。むしろ、すべての大人が、他《ひと》には見せぬ、その心のうち裏に、その「キイ・ワード」を秘めていること、むしろ自然だ。人間の常《つね》なのである。鋭い心理学者は必ずこの一点を見のがさないことであろう。

一言でいえば、「家庭」こそ〝いじめ〟の源泉、その発祥の場なのである。人間の、もっとも根本の「ストレス」は「家庭」に根ざす。一見、意外だけれど、よく考えてみれば、当然至極の道理なのである。将来、「家庭学」の成立は必然だ。わたしはそう考える。

三

人間とは〝いじめ〟に打ち克って生きのびてきた猿である。だからこそ、ただの猿が、いわゆる「人間」になりえたのだ。

いいかえれば、常住座臥の〝いじめ〟が、彼や彼女の肉体と精神を鍛えてきた。だからこそ、今のように、この地球上で〝ひとり〟勝ち残ってこれたのである。

「いじめ」が人間を鍛え、この地球という名の原野《げんや》に生き残る力を与えた。「いじめ」は、人間の生長にとって最大・最強の養分なのである。

もちろん、いたましい、「自殺」する子供がいる。青年たちがいる。しかし、それが「いたましい」と感ずるのは、それは「昨日の我」であり、「明日の我」だからである。他人《ひと》ごとではない。だからこそ、「いたましく」感ずるのだ。いいかえれば、累々《るいるい》たる「自殺者」たちの原野《げんや》をひとり歩きつづけ、人々は現在に至っているのだ。「自殺者」とは、もう一つの「自己」の姿に他ならない。

四

わたしは小学三年生の頃、凄惨《せいさん》な〝いじめ〟に会った。広島県のT小学校へと転校したあと、それは起きた。はじめ、クラスのボス、巨漢のSが私になぐりかかった。新しく転校してきた、わたしを「制圧」し、自分の配下に入れるためである。わたしは闘った。そして勝った。少なくとも、彼は〝勝てなかった〟のである。すると、彼はクラスの全員に命じた。「彼をなぐれ。」と。みんなは命に従った。五十名前後が、次々とやってきて、わたしを「なぐる」のである。わたしは一人、ひとりの顔を見つめて耐えた。みんなと言ったが、二人だけ例外があった。ひとりは石野《いしの》君。わたしの家の隣に住み、無類の仲良しだった。「わしには、できん。」そう言ってことわった。彼はその後、呉の海軍兵学校に入り、フィリッピンに向う船と共に、海底に没したという。

もうひとりは、李《リー》君という朝鮮人の子供だった。いつもニコニコしていて、いささか「白痴」あつかいされていたけれど、彼も、この「リンチ」の列には入らなかったのである。

ボスのSは被差別部落出身として〝知られ〟ていた。何かあると、母親が「うちの子をいじめるのか。」と、学校に〝どなりこんで〟来る。それで有名だった。だが、彼はクラスの〝いじめ〟の中心者、ボスとして常に「君臨」していたのである。

担任の高村幸雄先生は、その直後の授業前、わたしを見て異常に気づいた。副級長や主だった子に

「何があったのか。」とたずねても、みんな「知りません。」と答える。次々と答える。しかし、先生は「実情」を察知した。そしてS君に対して、

「来い、おれと相撲《すもう》をとろう。」

と言い、かかって来たS君を投げ飛ばした。

「もう一回、来い。」

かかっていったS君を、また投げ飛ばした。いくら「巨漢」と言っても、子供だから、先生にはかなわない。

「もう一回。」

「もう一回。」

と言われているうちに、ついに〝へたって〟しまった。彼には「無言」のうちに、先生の「言わんとする」ところがわかった。クラスの「みんな」にとっても、また。

わたしはその先生の姿に〝しびれ〟た。そのような「先生」に、否、人間になりたい。そのとき深くそう思ったのである。

五

先に書いた。

「ただの猿が、いわゆる『人間』になりえたのだ。」

と。しかし、本当の人間には、未だなりえてはいない。その証拠に、「家庭」をはじめ「学校」、そして

「国家」や「宗教」に至るまで、この社会には「いじめ」が充ち満ちている。正確には、「人間になろうとしている、猿たち」

それがわたしたちの今属する歴史段階なのではあるまいか。たとえば、戦争の勝者となった大国が、臆面もなく敗軍の将を処刑する。いかなる「大義名分」を建てようとも、しょせん、「ボス猿」がその後の勢力圏を維持するための「手練手管」としての〝見せしめ〟に過ぎぬ。後代の歴史家は必ずそのようにリアルに看破し、そのように記述することであろう。

六

わたしは感謝している。四人の「人間」に。

第一は、石野君。南海の海底にその屍を横たえていようとも、わたしにとっては、永遠の知己である。

第二は、李君。何も〝りくつ〟や、〝弁舌〟は言わないけれど、人間の心を確かにもっていた。わたしにとっては、朝鮮民族、韓民族観の「原点」である。

第三は、高村先生。本当に〝かっこ〟よかった。学校の精髄は、このような「一人」の先生だ。それ以外にない。制度も、組織も、その「一人」をいかに確保するか。そのための〝道具〟にすぎないのである。

第四は、S君。彼のおかげで、わたしは鍛えられた。「不当」に耐える、心の核を与えられたのである。わたしの「被差別」問題に対する、生涯を貫く、深い「思い入れ」も、おそらくは、この「S君への思い出」と無関係ではないように思われる。

わたしは学んだ。小学校の一《ひと》クラスの中で。「シカト（無視）」や「いじめ」に耐え抜く力を。

その後、わたしの生涯、学問研究をつつみこんだ、全学界や教育界からの「シカト」や「あられなき罵倒」、たとえば、邪馬壹国説や九州王朝説、また「東日流外三郡誌」問題をめぐる中傷の嵐、それらにジッと耐え抜く力を、ひそかにこの子供時代に、わたしは経験させられたのではあるまいか。

運命の神の「采配」に対し、わたしは今、心から感謝をささげたいと思う。

注

（1）二〇〇六年（平成十八）十二月二十日（産経新聞）「わたしの失敗」。

二〇〇七年一月二日　記了

（「閑中月記」第四五回、『東京古田会ニュース』第一一二号）

本音の教育論

一

南米のエクアドルから帰還した。八十歳にして、この長途の研究調査旅行を終えた。大成功だった。というより、予期したところの、数百パーセントの大収穫だったのである。御同行して下さった方々、また新東方史学会に寄金をおよせ下さった方々のお力だ。老齢のわたしなどの微力、言うに足りない。

二

日本に帰ってきたら、「教育論」の花ざかりである。テレビも、新聞も、週刊誌も、ことごとにこれにふれている。しかし、わたしの目には、いずれも、ことの「本質」がふれられていないように思われる。学問の論証と似て、一番大切なこと、それは極めて簡単率直な一点にある。わたしはそう思う。
「過言」あらば、齢《とし》に免じてご容赦を。歯に衣《きぬ》を着せず、明記する。

第一番目は、「正規の社員」と「非正規の社員」とのちがいである。――これは、教育論だ、おまちがいなく。

近年、日本の経済界で、この「非正規の社員」やフリーター類の〝働き手〟がふえていること、否、「ふやされている」こと、ご承知の通りだ。むしろ、経済政策、ないし会社運営の「基本」となっているかに見える。

アメリカ合衆国などの「先例」がユニバーサル・モデルとされているかのようだ。かつての「日本的経営」を〝守って〟いる企業など、すでに少数派のように見える。

わたしは今、経済理論など、もてあそぶつもりはない。また、その資格もない。ただ、ある人の言葉を紹介する。

「わたしは、店をやっていて、社員はすべて非正規社員、いわゆるフリーターです。彼等のために、いろいろ心を砕いていますが、正直言って、自分の娘がフリーターや非正規社員と結婚すると言えば、やっぱり『まあ、やめとけ。』と言わざるをえませんね。」

この人は正義漢だ。前の仕事のとき、企業主が「不正」と知りつつ、その商品を売っているのをとめ、聞き入れられないと、敢然と職を辞した。その経緯《いきさつ》をわたしは知っている。それだけに、右の言葉は「かけ値《ね》」のない、本音。そう聞こえたのである。

三

ここから、教育論。今の子供は、いちはやく、このような「大人社会の実情」を知っている。かぎ分けている。自分の父や兄が、それで苦しんでいるのを知っているからだ。子供の本能は敏感だ。

そのような子供に対して、教師は何を言うのか。

「一生懸命、勉強すれば、必ず報《むく》われる。」

とか、

「真面目が一番だ。それさえやれば、心配はいらない。」

などと言うのか。ごまかしだ。教育上の美辞麗句は、現実をごまかすための「阿片」にすぎない。必ず、彼等は〝ふりわけ〟られ、相当部分が「非正規社員」や「フリーター」にならざるを得ないのである。もし、「正規社員」になった者の場合も、不幸な連中を〝よそ目〟に見て〝ほくそえむ〟いやらしい根性の人間と〝なってゆく〟だけだ。

これが、教育なのか。経済の「論理」に奉仕する〝教育奴隷〟、これが、いわゆる「教育者」の任務なのか。わたしは問う。

四

南米のエクアドルに十一日間、行ってきた。すばらしい経験だった。スペイン人にも、インディオにも、混血の人々にも、今後の「交流」と「研究調査」のための知己を、次々と得《う》ることができた。

この点は、先にのべた通りだが、それはそれとして、この国の「社会構造」は、日本とは全くちがう。一割前後のスペイン人、彼等はほぼ富裕。六割強の混血の人々、彼等が社会の「中核」をなす、働き手だ。一方、二割前後のインディオ。彼等は極貧だ。「乞食」を業とする人々も、ほぼこの層である。

このように、「社会構造」の仕組みがハッキリしている。果物と魚の無類に美味《おい》しい、赤道直下の国の、これが実態だ。これに対してアメリカ合衆国。これはすでにご承知のように、アングロサクソン系の白人を指導層として、黒人やメキシカンなどの有色人種が、かなりの人口だ。近年ますます増加傾向のようである。

今回は、中継地としてのアトランタへ〝立ち寄った〟だけだが、それでも、空港内の車椅子などの障害者サービスの充実ぶりには、「さすが。」と感服させられた。帰りには、疲れていた老人の、わたしも「介護」をうけて、大変有難く感じた。活躍する、多くの人々は陽気な黒人だった。

ともあれ、アメリカ合衆国には（α）指導層と（β）一般層という、大きな「区分」があることは疑いえない。その「よし、あし」は今、論ずるところではない。ただ、それが「事実」だ。その一点に注目したい。

すでに、お気づきだろうが、例の《α》正規社員と《β》非正規社員とフリーターという「ユニバーサルな仕組み」と称するものは、実は右のような、その国の「社会構造」と大局的に対応しているのである。

誤解のないように、言っておくけれど、私は決して、

白人＝正規社員

有色人＝非正規社員、フリーター

などと、言っているのではない。黒人でも「国務長官」という「正規の役職」についている方のあること、周知の通りなのだから。

ただ、この国の「社会構造」と、例の「ユニバーサル」と称する、社会の仕組みとは、大局的に見て

矛盾していない。いわば「合理性」をもっているのだ。

これに対して、日本の社会は、本質的に「均一的な社会」と言った大臣があったそうだが、だからこそ、この「ユニバーサルなやり方」とは、本質的に矛盾しているのだ。これをあてはめれば「教育」も、破滅する。

五

「格差は悪いことでない。」と小泉（純一郎）首相が言ったようだが、それが「能力別の給与の差」を意味するのなら、賛成だ。一律労働、一律賃金のやり方の「失敗」は、ソ連邦という「貴重な実験」で明確になった。

また、学歴や年齢で、すべて「給与は一定」という方式もまた、社会の活力を奪う。これらを「格差」というなら、まさに小泉首相の言った通りだ。

しかし、あのアメリカ型の社会構造と「フィット」した仕組みを、日本にもちこんだなら、日本の教育は破滅する。およそ教育者側の「美辞麗句」の及ぶ所ではないのである。

「それでは経済が、会社の運営が成り立たない。」

そういう心配の声が聞こえてきそうだが、わたしはそうは思わない。「ボーナス」や「給与それ自身」で〝調整〟すること、これは会社の得意技だ。今の日本の「高賃金」をそのまま維持して、行けるかどうか。もちろん「?」だ。

しかし案外、会社の中の人々全体が「一体感」をもてば、業績は向上するかもしれない。すでにその実例も存在するようであるから。

要するに、こうだ。

「社会の仕組みを、外国模倣にして、そのつけを教育者の方に期待するな。」

何回、お偉方が「会議」をくりかえしてみても、この真理は変えられない。わたしはそう思う。

六

第二の教育論は、もっと簡単だ。

「教育者の給与を、日本社会の最高レベルとする。」

これだけだ。

これは「財政難」云々《うんぬん》とは、全く無関係である。なぜなら、その国家全体の中での、「相対的な位置づけ」の話だからである。

早い話、明治国家は、教員の給与を「一般より高く」した。高等師範など、陸士・海兵と並んで学生が「有給」だった。それも、「高額の有給」だ。陸士・海兵については、今多く論ずる必要はない。ある意味で、明治体制は「軍事国家」だったからだ。

これと「同等」に扱われていたのが「教育」なのである。この明治国家が、外国から多額の借金をしていたこと、周知だ。その中で、明治国家は「自己の意思」を、これによって決然としめしていたのである。

「教育は百年の計。」

という言葉を国民が〝まともに〟うけとめたのも、当然だ。

七

エクアドルのグアヤキルで聞いた。在留邦人のまとめ役として、三十年間やってこられた今井邦昭さんからだ。

「今は、学校の先生より父兄の方が学歴の上の人が多いから、やりにくいようですな。」

一言、問題の本質を突いている。明治国家では、津々浦々の小学校の教員は、一般の庶民より「給与が高く」「学歴が上だった」のだ。だから、尊敬された。

「教育は、金だけではない。」

こんな〝偉そうな口〟をきく人がいたら、その人の顔をじっと見返してやってほしい。そしてその人の「給与」と小学校教員の「給与」との上下をただしてみてほしい。彼は、また彼女たち「有識者」はおそらく、だまるであろう。その通り、だまらせよう。

「国家に、金以外の何ができるのか。」

その「分（ぶん）」を心得た人こそ、真の有識者である。この根本をそのままにして、何百回、会議を開いてみても、時間のムダ、エネルギーのムダ、会議費のムダ以外の何物でもない。

黙って、教育者の「給与」を、その社会構造の最高のクラスに置く。それだけで、万事O・K。国家にとって必要なのはそれだけだ。

念を押そう。今の給与体系の上に「教育者の給与」をおく。そんなことでは全くない。やり直し、だ。

限定された「総体経済」の中での、「相対的な位置づけ」の問題なのである。

明治国家には、それができた。

八

日本の総理大臣には、絶大な権限があるという。それが本当なら、次の二つをすればいい。

第一、「非正規社員やフリーター」を雇っている会社には、「二倍の税金」を課す。

第二、公務員や会社員の「給与体系」の〝見直し〟を求め、教育者の「給与」を最高レベルにおくことを、一般に「義務」づける。

この、たった二つのことだ。現在の総理大臣か、次の総理大臣か、せっかく権力をにぎったのだから（それは、当然「有限」の期間だ）、断乎、命ずべきだ。それが「国を救う」唯一の道である。

教育を重んずる国家には、未来がある。軽んずる国家に、未来はない。――これが人類不動の真理だ。

以上、南米の十一日間をすぎた今、わたしの頭に去来するところ、率直に、これを書かせていただいた。

二〇〇七年三月吉日　記了

（「閑中月記」第四六回、『東京古田会ニュース』第一一三号）

教育立国論——すべての政治家に告ぐ

一

直言する。現在の日本は、国家の顔をしていない。なぜなら「国家の志」をもっていないからである。その志とは、何か。われわれの国、日本がいかなる国家であるか。そして何を目指しているか。それが判然としない。国民一人ひとりの目に、ハッキリとそれがイメージされていないのである。

志の基本には、現状認識が必須だ。今の日本のおかれている立場、それを明瞭に、まがうかたなく「自己認識」する。これなしに、未来の、あるべきイメージの「志」など、立てようがない。当然のことだ。

では、日本が現在おかれている立場、それを率直に言えば、どうか。先ず、この質問を立ててみよう。

二

日本は、一九四五年、敗戦した。昭和二十年の八月十五日。自明の歴史事実である。わたしはそのとき、十八歳だった。徴兵検査を受けた、最後の世代に属する。そして「赤紙」(徴兵の通知)の来る前に、国家が壊滅した。

今ふりかえれば、「無謀」きわまりなき戦争に突入した、当の「責任世代」、それは当然ながら、わたし以前の年齢の人々だった。現在(二〇一〇年)、わたしが八十四歳だから、それ以前の年齢の人々である。

「しかし、その人々はむしろ、戦争の被害者ではないか。」

そういう反問があろう。その通りだ。だが、その「被害者」という側面と同時に、戦争の「責任世代」である、という事実と〝矛盾〟はしない。あの「無謀」な戦争を〝食いとめる〟ことのできなかった、痛恨の世代でも、ある。その事実を疑うことは不可能なのである。

三

ここで、一言すべきテーマがある。「昭和の戦争」を「無謀の戦争」として非難し、逆に、明治を理想の時代のようにたたえる。司馬遼太郎などの強調する立場だ。後述するように、それも「一面の真理」だ。だが、反面、いわゆる「昭和の愚戦」否、「昭和の暴戦」をリードしていたのは、まぎれもなく、「明治生れの、愚かしきリーダー」だったのである。この点もふくめて、後に明らかにしてゆく。

四

今、言いたいのは、次の一点だ。

「八十五歳以上の、『戦争責任、世代』に、のうのうと、『平和な老後』を楽しむ資格があるのか。」

これである。もちろん、敗戦後の〝大変な〟時代を「悪戦苦闘」して、今日の日本へと導いた。その「功績」は多大だ。わたしたち「八十四歳以降」の人々と共に、それを世界に誇ることができよう。国内でも、より若い世代の人々、また現在の若い世代に対しても、眉一つ動かさず、キッパリと言い切ってよい。否、言い切らねばならないのである。

それなら、なぜわたしは今、当初に立てたような「質問」を新たに立てようとするのか。再び、この問いに返ろう。

五

要するに、真の回答は、こうだ。

「ことは、未だ終っていない」

のである。敗戦によって、アメリカが日本を「支配」した。その後、「独立国」となった。しかし、それは「見せかけ」だ。戦勝国、アメリカの「日本支配」はつづいている。一歩も、ゆらいではいないのだ。その点、昨年からくりひろげられた「沖縄の軍事基地」問題を見ても、明瞭だ。アメリカは「戦勝」以来、一歩も、自国の「国家目標」を、そして「国家戦略」を変更したことはない。一切なかったのである。日本側の「自民党」や「民主党」が、どうこうというような〝些末な〟テーマではない。それが「見る」人の目には、クッキリと浮びあがった。それが昨年来の、「沖縄、軍事基地」問題のもつ意義だったのではあるまいか。

六

敗戦の詔勅にあった。「万世のために、太平を開かんと欲す。」と。名言だ。だが、現在、二〇一〇年という、現在において、すでに「太平」が開かれ切ったわけではない。自明のことだ。

「独立国」という名の「植民地支配」の只中に、今、わたしたちはいる。敗戦の当然の結果だ。否。それだけではない。江戸幕府時代の末期、黒船が来航したとき、その目的はただ、「航海上の水を求める」ことや「鯨を捕る中継地を求める」ことなどにあったのではない。その真の目的、究極の戦略目標は、アジアに「アメリカの軍事基地」を「定点」として設置する。この一点にあった。その「究極の目標」が表面化した、貴重な事例、それが昨年以来の「沖縄の、軍事基地」問題だ。わたしの目には、まがうかたなく、そう見えるのである。

七

わたしは、何が言いたいのか。要は、八十五歳以前であれ、八十四歳以降であれ、のうのうと、「老後を楽しんでいる」ような時期ではない。敗戦による、さらには黒船による、「大変な時代」の只中に、今のわたしたちは、いる。これがわたしの「現状認識」だ。他には、ない。

八

では、わたしたちが今なすべきところ、それは何か。「教育立国」この四文字、以外にないのである。明治に存在した、負（マイナス）の面、それは「足軽たちのおぼっちゃん」が、諸大名の「江戸屋敷」を〝相続〟し、数多くの「下男・下女」に囲まれて育った。当然、「見識」も「我慢」も知らぬ〝おぼっちゃん〟たちが、「昭和の愚劣にして悪逆」な戦争をリードした。少なくとも、「命を張って」食いとめる勇気をもたなかった。「昭和の愚劣と悪逆」は、「明治生れの世代」の責任だ。この一点を、司馬遼太郎は「見なかった」あるいは「軽視」したのである。

九

しかし、江戸幕府の末期に育ち、明治を「支配」した、いわゆる「維新の志士」たちには、もう一つの「すぐれた見識」が存在していた。

それは「教育の重視」である。すでに、わたしが何回も、書いたところだけれど、「陸士・海兵」と共に「高等師範」の学生に対して「授業料免除」とした。それだけではない。「高額の給与」を与えたのである。わたしの父親が、広島の高等師範に学んだとき、その「高額の給与」から、土佐（高知県）にいる、多くの兄弟たちに「仕送り」をしつづけていたのである。もちろん、「あとで返させる」ような、ケチな「奨学金」ではなかった。

そのさい、大事な一点がある。当時の明治国家は「借金財政」だった。多大の「借金」をイギリスやアメリカから、借りていたのである。

「他国から、借金しながら、なぜ国内で、これだけ教育出費をするのか。」

現在なら、〝出そう〟な、そして〝通りそう〟な「正論」だが、明治国家はそのような「俗なる、正論」に従わず、敢然と「教育出費」に踏み切り、それをつづけたのである。「国家の見識」だ。「国家の志」だったのである。もちろん、彼等（高等師範）の卒業後も、その「優遇」をつづけた。ために、わたしの父親は、（わたしとは異なり）「国家への感謝」の念をもちつづけていたように思われた。

十

現代の日本は、何か。「いやしい、商人国家」である。「奨学資金」を当人に「就職後」に〝返させよう〟としている。あるいは「無利子」で、あるいは「有利子」で。きわめて合理的だ。経済上の「つじつまが合う」そう考えているのであろう。「いやしい商人計算」だ。もちろん、「商人」が〝いやしい〟

のではない。彼等に「識見」があり、将来への「長大な投資」という志をもっていたこと、現在行われている、大河ドラマ、龍馬伝にも、よく表現されている。それなしに、江戸幕府から明治政権への「開国」も、ありえなかったのである。

今、「いやしい、商人」と言ったのは、それではない。「目先の、つじつま合せ」という目線を至上とする立場を指して使ったのだ。国家が「借金取りの、合理主義」に立つ限り、そのような「借金取り、国家」の将来に本気で「夢を託す」若者など、絶対に生じえないのである。その行く末は「国家の破滅」だ。それ以外にない。

十一

本稿の本題に入るべきときが来た。

「若者のために、若者の未来のために、若者の教育のために、国家は迷わず、巨額の投資をせよ。そそぎ抜け。」

これである。「日本には、巨額の借金がある。」——ウソだ。日本は、イギリスからもアメリカからも、中国・ヨーロッパからも一切「借金」などしていない。「赤字国債」というのは「国民からの借金」だ。少なくとも、それを主としている。そんなものは、本来の「国家の借金」ではない。「国家の借金」とは、「Aという国家」が「Bという国家」から金を借りている。——それを指す言葉だ。たとえば、明治国家がそうだった。今の日本ではない。

わたしたち「老年」が、——たとえば六十歳以上が——、先ず安楽に生活しよう、と思うなら、それは「錯覚」だ。現在は、「黒船以来の国難」そして「敗戦以来の属国状態」の只中にあるのだ。自身の「安楽」より、若者の「教育」を優先させねばならぬ。その非常事態の真最中にいるのである。もちろん、「老後を楽しむ」のも、よかろう。テレビや雑誌にその類の企画があふれている。あふれかえっている。しかし、それ以前に、不可欠なもの、それが「未来への投資」だ。若者のための「投資」なのである。それなしに、どうしてみずからのみ「安楽」でいられるのか。わたしには理解できない。

十二

「政治主導」ということが言われている。当然のことだ。「政治」とは「政治主導」のことなのである。「経済上の、つじつま合せ」の類なら、政治家はいらない。選挙も、無用なのである。経済通の銀行マンや事務に通暁した官僚に任せておけばいい。それだけのことだ。

「政治家」は、国家の「志」を立て、それによって、万事をとり仕切る、それが仕事なのである。官僚の〝作った〟プランを「手直し」する。——そんなことが「政治主導」とは。政治家は、事務方の「助手」となったのであろうか。情《なさけ》ないことだ。

国家の「中央」と「地方」とを問わず、「若者のための政策」を中心基軸として、根本方針を立て、断乎貫く。それなしに、現在の「政治」のありかたはありえない。それがわたしの立場だ。

「立身出世」は、明治国家のスローガンだった。江戸幕府には「及びもつかぬ」ところ、新時代の到来と、国民一人ひとりに〝実感〟させた。いわゆる「天皇陛下万歳」の声も、（現在「理解」されている「負《ふ》（マイナス）」の側面以外に）このような「明治国家の到来への一大歓迎」という〝意義〟（プラス面）

をになっていたのである。

しかしながら、明治の「立身出世」論には「限界」があった。ハッキリ言えば「曲解」をふくんでいた。「立身出世」を「個人の立身出世」として〝喧伝〟したのである。その方が〝判りやすかった〟からである。

けれども、この四文字のもつ、真の意義は「国家そのものの立身出世」にあった。明治国家は「個人のため」を「名」（名目）として、国家自身の「立身出世」を目指そうとしていた。国家の政策である以上、それ以外にはありえない。

この「自明の道理」に〝目がくらみ〟、本当に各個人のための「立身出世」であり、「奨学金」であると、錯覚したところに、今日の「奨学金、制度の迷妄」がある。その肝心の一点に〝気付いていない〟のだ。それが現在の日本だ。すべての政治家がこの肝心の一点に対して、堅く「目をふさいだ」ままなのである。

十三

「埋蔵金」について、云々《うんぬん》される。しかし、最大の「埋蔵金」のことが忘れ去られている。

それは、大量の「大学院生の、就職先の放置」だ。かつて大学院生を大量に「生産」した。しかし、その「就職先」は放置したままだった。研究所や大学の研究員など、一切「増設」しようとはしてこなかった。あるいは、極めて不十分であること、すべての教育関係者周知のところだ。

「レアメタル」が云々される。しかし、日本列島埋蔵の、これら「生きたレアメタル」を放置したままで、政治家にとって何の「政治主導」か。
わたしには、言うべき言葉がない。

二〇一〇年十月三十日　記了

（「学問論」第二三回、『東京古田会ニュース』第一三五号）

科研と土建

一

秋の大学セミナー（八王子）のあと、竹橋の学士会館に寄った。待ち時間を読書室ですごすうち、雑誌の書棚にあった『学術月報』を見た。通巻第七五五号、「科学研究費補助金」の特集だった。わたし自身には、生涯関係のない世界だったけれど、若い研究者には関心のある分野である。その方面の話が出ても、わたしにはもち合せの知識がなかった。

ところが、この特集にはこの制度の概要から平成二十年度の公募要領、今年度の研究者ハンドブック（抜粋）、さらには科研費に関するQ＆Aと、至れり尽くせりの小解説書となっていた。また、過去や現在、これにかかわりをもった（調査官などの）小文も掲載されている。たとえば、小川温子《はるこ》さんが、「文部省学術調査官時代の思い出とこれからの科研費にかける期待」という一文を寄せている。

「『科研費を年間一千億円の大台に！』調査官に任命された当時、白地の紙に大きな字で横書きされた科研費予算の目標が研究助成課の梁に掲げられていた光景を、今もよく覚えています。この予算目標の一千億円はほどなく平成八年に達成されました。その後も科研費の予算は伸び続け、一九年度は千九百億円となっていますが、前年比の伸び率はわずか〇・九パーセントです。」

小川さんは現在はお茶の水女子大学の教授だから、今は科研費を〝受ける〟側だ。だから両面から実情に精しい方のようである。

これによると、最近の科研費は「千九百億円」とのこと。科研費は申告しても、なかなかの難関。採用の自信はおろか、「期待」も、もちにくい。わずかに希望しているだけ。そのような悩みはしばしば聞かされている。しかし、「千億円台」の話には、数字として、貧乏症のわたしには実感がない。せいぜい「何万円」台の話でなければ、ピンとこないのである。

ところが、イメージが変った。

最近の新聞で、道路関係のいわゆる揮発油税の話を読んだときである。ガソリンなどにかかる税金である。

わたしは自分で車を運転したことがないから、ガソリンスタンドでその直接の「増減」を見ることはないけれど、それでも、タクシーにしろ、何にしろ、ガソリンを使えば、この問題は切実である。けれども、うかつながら、その「額」を他の問題と〝対比〟させて深く考えてみることがなかった。

だが、今さらながら驚いた。「二兆円」とか「三兆円」とか、ともかく「兆」のつく額なのである。この中から、今度は本来の目的とは、また別個の「一般財源」に廻してよいか、否か、の論議だ。「暫定税率」とされていたからである。

これは確かに目下の重要な問題であろう。だが、今、その当否をここで論ずるつもりはない。

ただ、わたしの「注目」を引いたのは、その額だ。「何兆円」という単位である。先の科研費とは、「ケタ」がちがうのだ。「億」ではなく「兆」である。

その「兆」の文字を確認して、わたしはつぶやいた。

「この国では、若い頭脳に対する出費と、道路関係の土建費に対する出費と、これほどまでの、〝差別〟がされているのか。」と。

もちろん、道路関係の「土建費」自体を〝差別〟するつもりは、わたしには全くない。故、田中角栄氏の創案にかかるという、このような税は、他の国々には必ずしも多くないようだが、一種の〝妙案〟であろう。山口県など、縦横に道路を整備しているのを見て、感嘆する。他の府県では「もっと、もっと、これから。」というところもあろう。それは、今論ずべきところではない。

わたしの注目するのは、ただ一点だ。

「若い頭脳に対する、国の努力の貧弱さ」だ。国はいろいろと、注文をつける。県の教育委員会や市町村のそれに対して、各個の学校の中にまで、注文をつける。――そしてその権利があると思っている。だが、田中氏の創案した、臨時徴収の形の「土建費」と「ケタ」ちがいの科研費。これでこの国の未来が「明るい」と本当に思っているのであろうか。恐らく思ってはいない、賢明な「官僚群」の一人一人は。思ってはいないけれど、「政治」がそういう〝仕組み〟を作ってくれないから、しょうがない。一人一人は、そう答えるのではあるまいか。消えかかっているのは、この国の未来なのである。

故、田中氏は「活眼」をもっていた。全国の小学校の給与を、一律に「格上げ」したのである。わたしは高校・大学の教師だったから、その恩恵には直接浴しなかったけれど、感嘆した。一見乱暴な、政治手法だが、政治家ならではの「快挙」だった。小学校出身の当人の面目躍如である。

しかし、彼は高校や大学の経験なく、「科研費の不足」に悩んだこともなかった。そのため、この世界は「ケタ」ちがいのまま、今日に至っていたのである。無残だ。

二

この特集では、長井潔さんが[1]「日本の将来を支える若い科学者の育成」と題して「ポスドク一万人問題」にふれている。

「最近、日本では『ポスドク一万人問題』といって日本政府はポスドクの数を増やしたがさらにその後の研究職を増やしていないので多量のポスドクがその後、行き場がなく困っているという批判があがっています。」

ここで「ポスドク」と言っているのは、「ポスト・ドクター」の略。大学院の博士課程で、首尾よく「博士号」をとったものの、その先の職場がない。そのため、無給で大学院に残っている青年たちの呼び名である。それが今や「一万人」に達した、という現状の報告である。

「日本の研究室は大学院生が大半で研究の主な原動力となっているのが現状です。英国では大学院生の学費及び生活費（給料）は、国（リサーチカウンシル）、研究者のグラントで賄われているのに、日本では大学院生は奨学金をもらっても返済しなければならないので学生が（その親が）学費を支払っていることになります。日本では大学院生が安い労働力として研究を支えているのが現状です。」

しかし、今の問題の「ポスドク」は、そのあとのテーマだ。

「大学院生を教育訓練し一人前の研究者にするにはかなりの時間と研究費がかかりますが、せっかく教育してもその人たちがポスドクとして残って研究の主戦力になっていないということになります。」

要するに、大学院を修了し、「博士号」をとった青年たちに〝行き場〟がなく、「遊ばれて」いる。それが現状なのである。

一般の国民から見れば、「親がかり」でも何でも、せっかく大学院にいる、あるいは「出た」のだから、どしどし「研究してほしい」と思うかもしれないが、現状は、そんなに「甘く」はない。

現在職がなく、将来、職を得る見込みもない。そういう状況で「張り切れ！」とはたで言ってみても、当人には「空論」だ。無気力の泥沼の中の毎日なのである。

当然、右にふれている「研究室の中」もまた、無気力の「圧力」がまの底に沈む。そういう「制度上の装置」となっているのだ。

右に挙げられた、英国の事例は、それを知り、それに陥らないための明確な装置が設定されていたのである。

日本の場合、田中角栄氏は、大学も大学院も出ていなかった。だから、この問題には当然「ノー・タッチ」だった。他の政治家はこれに反し、大学を出、時には大学院を出ている人もいたはずなのに、「現在の己が身」でないためか、知らぬふり、結局ノー・タッチなのである。

二〇〇七年の夏の終り、いきなり辞職した安倍首相は、その前に〝たてつづけに〟、多くの法案を提出し、成立させたという。その中には、教育に関する法案もあったようであるけれど、右の問題にふれた法案など、「寡聞のせいか」見なかった。

教育は「上から」差配し、監督を強化すれば、それでO・K。そんな「甘い」ものではない。教師も「公務員」だという理由で、夏休みも、毎日、「登校」させれば、それで教育の質は向上する。――そんな〝見当ちがい〟の「上司」や「政治家」をもつ、日本の教育の将来はまことに危いのだ。教育という、千年・万年の仕事の本質を全く理解していないのである。

今の問題は、科研費とポスドクだ。大学を出た政治家なら（たとえ自分は、在学中〝遊んで〟すごしたにせよ）、今はこの問題に全力をこめてほしい。

日本はそこからようやく明るくなり始めよう。

三

明治以来の「見当ちがい」がある。

教育のことは「立身出世」のためである。それが〝建て前〟だった。しかし、それを言う、国（明治国家）の「本音」は、もちろん「国のため」だった。江戸の封建制をはなれて、独立独歩の道を歩もうとしていた新興国家、日本にとって、不可欠のものが「有為《ゆうい》の人材」だ。そのため、江戸時代にはありえなかった「立身出世」の道をスローガンにしたのである。

それが、敗戦後の現代、「矮小化《わいしょうか》」された。奨学資金も、科研費も、「当人のため」に「国が出してやっている」、そのように錯覚しているのではないか。ひどい錯覚だ。

敗戦によって、日本は無一文になった。無一文から再出発したのである。そこで頼るべきもの、それはただ一つ。人材だ。将来への人材教育なのである。

「無一文」といっても、戦前からの「備蓄」はあった。たとえば、「職人や技術者」の腕だ。また明治以来の「全国民への一般教育」の成果もそこにはあった。

しかし同時に、いみじくも昭和天皇が「敗戦の原因の一つ」にあげておられるように、「科学的学問の軽視」が、大きくそこにあった。これが足らなかったから「敗けた」。少なくとも、その一因だ。当事者（責任ある権威と権力者）の言であるだけに、重い。近来、ふたたび昭和天皇と「昭和の御世」をもちあげる企画記事が雑誌などで目につくようになったが、せっかくそれを言うなら、「昭和天皇は、自己責任において、その科学と研究重視の発言をされたが、『昭和と平成の御世』では、それが決して重視されなかった。——土木事業に比べれば。」

その一事をつけ加えてほしい。本気でそう思っている。

わたしは大正十五年の生れだ。生れて五ヶ月で、「昭和の御世」となった。だから「昭和の御世」のすべてを経験した人間として、右の一事をのべたい。昭和天皇は今、冥界にあって、ただ「美辞」すなわち〝お世辞〟だけを欲しておられるとは、わたしには信ずることができない。

注

（1）長井潔、王立医学研究会議分子生物学研究所構造生物学研究部グループリーダー（MRC Laboratory of Molecular Biology, Structural Studies Division, Group Leader）。

二〇〇八年一月　記了

（「閑中月記」第五一回、『東京古田会ニュース』第一一八号）

手術のあと

一

八十一歳にして一世一代の大手術、その床上に横たわった。ところは、群馬県桐生市、東武線の相老駅に近い。北千住から一時間四十分弱の駅である。その相生の高木病院にたった。

病名は突発性正常圧水頭症。目に見える病状は〝よちよち歩き〟だ。知らぬうちに、足を引きずって歩いていた。妻からも「もっと、シャンと歩けないの。」とグチをこぼされていた。「歳《とし》とったら、しょうがないだろう。」と思っていた。昔から、老人は皆、こんな歩き方だ、と。しかし、ちがっていた。それは冒頭にあげた〝病気〟だったのである。

二

これを発見して下さったのは、当病院長の加藤一良《かずよし》さんだった。昨年（二〇〇七）の十月の八王子セいた。
朝から晩まで、熱弁をふるうのと裏腹に、会場への出入、壇上での移動に、わたしは足を引きずって
だった。若い薬剤師の新井栄吉さんと一緒だった。
ミナーの会場だった。二日間にわたって「筑紫時代」を講演。その聴講に来ておられたのが、加藤さん

「これはおかしい。水頭症だ。」

その道のプロである。加藤さんは直観された。二日間を終えてあと、わたしに呼びかけられた。

「一回、わたしのところへお出でなさい。」

と。相生の、その病院はこの病気の、手術の専門医、高木清さんを擁する医師集団だったのである。

十二月中旬、はじめて当病院におもむいた。上野駅から常磐線に乗車、北千住で東武線に乗り換える。

関東平野を北上する、快い旅だった。

さらに快かったのは、十五日土曜日の午後、高木先生の執刀後だった。短時間だったが、脊髄の髄液をとり出す作業だったという。――翌朝、症状は一変していた。スタスタと歩けたのである。前日の昼、手術前に歩いた、同じ廊下や同じ階段の〝歩き心地〟は一変した。普通に歩けて、ヨチヨチ歩きにならない。我ながら驚いた。「霊験あらたか」という言葉が口を突いた。論より証拠、加藤・高木両先生の診断は的確だったのである。

三

昨年末から今年初頭にかけて、研究上の大進展がつづいた。「大化改新」論である。戦前から戦後に

かけて、また「郡評論争」の以前から以後にかけて、各論者の論文を読み直していった。その中心は応接室に積み上げた井上光貞著作集だった。毎ページ、毎ページをめくりつつ、読みすすむのが楽しかった。もちろん、はじめてではない。著作集収録以前から、それぞれの各論文が『史学雑誌』などに発表された当時、拝見していたものだが、今回は格別だった。その一字一字がちがった光のもとに映し出されている。そういった感じだった。

たとえば、「出雲神話」問題。井上説では、当然ながら「造作」である。六世紀か、それ以前の「大和朝廷の史官」による「造作」と見なすのである。「津田史学に殉ずる」とまで、〝宣言〟した井上氏だから、当然だ。

だが、なぜ、あんな「造作」が行われたのか。――この問いに井上氏は答える。

「五～六世紀頃、大和朝廷は武力を以て出雲地方を討伐し、征圧した。その結果、あのような『出雲神話』が『造作』されたのだ。」と。

これが回答だ。だが、この〝模範回答〟には、大きな「?」がある。

第一、五～六世紀の「大和による出雲征伐」に対する、考古学的証拠は確かか。

第二、それが確かだとしても、ではなぜ、その「被制圧者」を、輝かしい主人公とするような神話を大和側が「造作」する必要があるのか。

第三、もし、右のような事情から「神話の造作」が行われたのなら、「制圧」されたのは「出雲」だけではないから、他の地域、たとえば、吉備や丹波や東海、さらに関東・東北でも、次々とそれら各地を舞台にし、「被制圧地」を主人公とした、輝かしい「第二の国引き神話」や「第三の国ゆずり神話」等々が次々と「造作」されるはずだ。だが、そのような神話の痕跡は一切ない。なぜか。

右のような「問い」を次々と井上氏に〝投げ〟かけたなら、氏は当惑される他なかったであろう。それも当然だ。井上説成立当時（論文執筆時）には、

「出雲には、神話のみ豊富で、弥生遺物や遺跡は極めて乏しい。」

のが実情だった。その「実情」に立った、「造作説の合理化」それが実態だったのであるから。

しかし、事態は一変した。荒神谷（島根県簸川郡斐川町神庭）や加茂岩倉（島根県雲南市加茂町岩倉）の発見、大量の弥生遺物、銅鐸や銅矛（剣）の出土によって右のような井上説成立当時の〝状況認識〟は失われた。止むをえないことだ。だが、その止むをえないまま、井上説そのものは「保存」されている。事実と理論構成とが背反したまま。——それが現在の学界だった。

四

今年の二月十二日火曜日、再び高木病院へ来た。昨年の「試、手術」にひきつづく、本格的な手術を受けるためだった。

現今、行われるのが通例のように、幾つかの承諾書にサインした。手術だから、万一のときには「死亡」がある。当然のことだ。今回のように、「頭蓋骨《ずがいこつ》に穴をあけ、内部の脊髄の髄液の流出口を心臓に向って開く。」（わたし流の理解）というような「大手術」となれば、「万一」は十分予期すべきだ。

だが、わたしに迷いはなかった。「知己」としての加藤院長の人柄、「名医」の冴えをもつ高木清医師の手腕、いずれもわたしはそれに託した。「まないたの鯉」だ。何があっても、一言半句の「文句」もなし。わたしはそうきめていたからである。

五

予想通りだった。大成功である。二日目、三日目と八度台、七度台の熱となり、十八日（月曜日）からは六度台の平熱にもどった。頭脳も快調である。

「頭に風穴をあけたら、血のめぐりもよくなったようです。」

冗談口にしか、聞いてもらえぬ〝せりふ〟だが、本当だった。手術前に比べて、判断力がすすみ、思考が深まってきたのである。

素人考えで思うに、「ヨチヨチ歩きだったのは、足だけではなかった。頭脳の中の思考力もまた、そうだったのではないか。」と。その当否はともあれ、許された、新しい空気の中で、着実に次の歩みを踏みしめよう。それが病院の方々、特にやさしく全力を尽くして下さった看護師をふくむ多くの方々に対する、無二の謝礼であるから。

天はわたしにそれを求めたもうた。――わたしはそう信じている。

二〇〇八年三月　記了

（「閑中月記」第五二回、『東京古田会ニュース』第一一九号）

時代の真相

一

いたましい事件であった。そして〝必然的〟な事件であった。二〇〇八年（平成二十年）六月八日の昼、東京の秋葉原で起きた事件である。

人は「無差別殺傷事件」と呼ぶ。あの繁華街にトラックを突っこみ、たまたまそこを通っていた人々を、あるいは殺し、あるいは傷つけた。その点、確かに「無差別」と言っておかしくない。この歩行者天国に関しては、正確なのである。

しかし、「では彼は、自分のいた会社でも、友人を無差別に殺していたか。」と問えば、「ノウ」だ。むしろ、一番の親友には、あたかも形見分けのように、自分の「好き」だった身の回りの品（パソコンなど）を贈っている。他の同僚や上司も、もちろん「殺し」たり、「傷つけ」たりしていない。すなわち、きわめて〝差別的〟だ。決して、「無差別」ではないのである。――なぜか。

二

彼のもう一つの特徴、それは綿密な記録主義者だったことだ。三ヶ月に千回も、逐一自己の行動や心情をメールに書きとめている。問題の八日にも、一刻も記録をストップしていない。これは「日記」というより、「分記」、否「秒記」と呼びたいほどだ。

二ヶ月に一回の、このエッセイを「月記」と称しているわたしなど、足もとにもよれない。怠け者の身からすれば、恐るべき「筆まめ」なのである。これは貴重だ。

なぜなら、従来はこの種の犯罪に対して学者や評論家は、あれこれと「推測」する。それらはいずれも識見ある見解だけれど、ひっきょう「推測」だった。当否は不明、というのが通例だった。だが、今回はちがう。本人の方が克明なデータを提供してくれている。それを各専門家は分析できるのだからである。

もちろん、そこに書かれていることが、そのまま彼の「本音」であるとは限らない。むしろ、真の「本音」は別にある。そういうことも、大いにありうる。けれども、その類の史料批判に関しても、貴重なデータであること、疑いえない。

反面から言えば、彼にはわたしなどには到底及びもつかぬ才能がある。人間社会の中の〝然るべきポジション〟に位置すれば、豊かな価値を発揮しよう。けれども彼は「無差別殺傷」という名の「自殺」を行った。破滅の道へと飛びおりたのである。――なぜか。

三

かつてわたしは言った。敗戦後、間もない頃だ。

「これからの日本の社会には凶悪な事件が次々と、生れて来る。」

と。予知能力など「0《ゼロ》」のわたしだけど、それが〝見通し〟だった。

敗戦後、日本は戦勝国の統治下に入った。その中で新憲法がうまれ、有名な第九条がうまれた。ある人はこれをほめそやし、ある人はその「改正」を目指す。いずれも道理があろう。しかし、わたしの目には〝ちがった光景〟が不動の姿として映じていた。

「人類最強の軍事力の武装青年群の確固たる常置と、その下におかれた〝非武装〟の日本の青年たち。」

この構図だ。日本列島が「完全制圧下」におかれたのである。この構図は今日でも変らない。「九条、改正論者」とて、この構図を否定するわけではない。同一の構図という、コップの中の「争い」なのである。日本の「自衛」というのも、〝対占領軍〟の「自衛」などでは全くない。周知のことだ。

「では、どうすればいいというのだ。」

こういう「詰問」が出よう。当然だ。その回答をしめすのは、アメリカのトマス・ペインの名著『コモン・センス』だ。

「いざと言うとき、本国（イギリス）軍は本気でわたしたち（アメリカの植民地）を守ってくれると思うか。」

と問うて、「ノウ」と答えた。アメリカ独立の基礎の意思となった。明快だ。

四

拉致事件を考えてみよう。わたしにとって「根本の問題」は左の一点だ。

「それらの事件の発生当時、日本列島の空と海と陸を完全に掌握していたのは、誰か。」

と。敗戦から現在まで、半世紀以上、根本の構図は何等変っていない。真の責任者は明白なのである。新聞も、テレビも、あらゆるメディアも、拉致問題を論じて一回も、この根本問題にふれた記事を、わたしは見たことがない。真の責任者は明白であるから、あえて「論じ」ないのであろう。

しかし、真相はあのトマス・ペインがすでに明快に言い放っている通りである。

五

ペインの場合とちがっているのは、次の一点だ。

「本国軍と外国軍」

の差異である。この点、共通しているのは、バイブルの世界だ。ローマ軍完全制圧下のユダヤである。イエス出現の前夜だ。

ローマ軍司令官のピラトとユダヤの大祭司たちとの「共同支配」の中で、ユダヤ社会は腐敗した。その中の青年たちは絶望していた。イエスを「金」で〝売りわたした〟と非難された「ユダ」事件の真相は、この数年来〝判明〟してきたところだ（「ユダの福音書」(1)）。この発見は、わたしにはすばらしいデータを与えてくれた。ようやく問題の真相が見えてきたのである。

だが、今注目すべきは、次の点だ。

「自分の師匠の運命を金で売り渡す青年」として、ユダが〝血祭り〟にあげられても、不自然でないような「精神世界」が、当時にあった。もちろん「金で買い取ろうとする」システムがあった。それが当時のユダヤ社会だったこと、この一事はまちがいない。わたしはそう考える。ユダヤ社会は「腐り切っていた」のだ。

人間の精神は、いっときの占領軍や被占領民のもたらした〝汚染〟で消滅するほど〝やわ〟な存在ではない。そのことを証明する、一人の青年の誕生だった。

六

忘れられぬ統計がある。現在の先進国中、「自殺率」のもっとも高い三国がある。どこか。ドイツとイタリアと日本だという。

「なぜか、わたしには理由は分りませんが。」

と、その記事の執筆者が書いていたのが印象に残っている。その具体的な統計数値が知りたい。御存知の方があれば、教えてほしい。

もちろん「統計」だから、計測基準や統計の「取り方」で、いろいろと〝別の側面〟が現われうるだろうけれど、わたしたちは日本については、それが事実であること、すでによく知っている。——なぜか。

七

占領軍は、失敗に懲《こ》りていた。第一次大戦の時のドイツだ。戦争責任のすべてをドイツに押しつけ、天文学的数値の賠償を科した。その結果、ドイツの経済は破滅し、その中から「ナチス」が誕生した。史料が次々と発掘されるにつけ、ドイツに劣らず、周辺の各国、つまり戦勝国側もすでに「臨戦体制化」にあったこと、すなわち「開戦責任」に無関係でないことが判明した。「開戦」には、ドイツのみならず、各国もまた「関与」していたのである。その事実を知ったドイツ国民は〝憤懣《ふんまん》〟が内攻してきた。その〝憤懣〟をナチスが「利用」した。そういう形だった。

八

この経験に懲りた連合国は、第二次大戦のあと、これとは逆転して「敗戦国の国民の経済をうるおす」方策に出た。日本の場合も、歴代の政治家たちの努力もさることながら、その背景には右のような「占領軍の政策転換」があったのである。

その「代り」に設定されたもの、それが「戦勝国側による裁判」だった。周知のように、日本では

「A級」をはじめ、「B級」そして「C級」の「戦犯」まで、処刑されたのである。その裁判の目的は前からすでにきまっていた。

「敗戦国の中から、戦争犯罪人をあぶり出す。そして国民全体に周知させて処刑する。」

それが「国民を経済的には繁栄させる」大政策の〝とめがね〟だった。その構造は、何をもたらすか。

当然、

「戦犯という犯罪者の子孫たちが（のうのうと）経済的繁栄の中にいる。」

という社会だ。「腐敗の構造」である。

敏感な青年たちが、その社会に「反感」をもち、「絶望」するのも当然だ。中年や老人たちも「一刻でも生き延びて、この国をよくしたい。」と願わず、「自殺」や「他殺」におち入るのも道理だ。現代とはそういう構造の世界なのである。

だから、

「日本の歴史の背柱は歪んでいる。根本は全く虚偽だ。」

と真剣に言いつづける研究者がいても、「学界」は相手にしない。それが許される「腐敗」した構図なのである。教育者も、その〝汚染〟の中にドップリつかってきた。

「いのちをかけても、一つの真実を守る。」

そういう気概は失われてすでに久しいのである。

九

世界は聖書を知らない。特に、アメリカ人やイギリス人、フランス人なども、おそらく新約聖書を読んだことがない。わたしはそう「想像」する。読めば、そこに次の一句があることに気づくはずだからである。

「人の生くるはパンのみに由《よ》るにあらず。」（人はパンだけで生きるのではない。）（マタイ伝福音書、四・四）

魂の誇りを失った社会、「超、経済第一主義」に埋没し切った社会は、とめどもなく腐敗しはじめる。当時のユダヤ、今日の日本だ。それを感じとった一人の青年が右の一言によって「時代の真相」を言い当てていたのだ。知己である。(2)

注

（1）ユダの「イエスを売る」行為は、イエス自身の指示によるか。それを示唆する断片資料が残存する（『多元』第七五号、二〇〇六年九月、「「ユダの福音書」――ダ・ヴィンチ・コード」参照）。原典の「チャコス写本」末尾二片。

（2）「非正規、派遣社員」問題は、機を改めて詳述する。

二〇〇八年六月二十八日　記了

（「閑中月記」第五四回、『東京古田会ニュース』第一二一号）

軍事汚染

一

最近は「エコ」ばやり、「CO_2」ざかり、の時代である。地球の温暖化問題も、クローズ・アップされている昨今だ。大変〝結構〟な風潮だとも言えよう。煙草も、止めて五十年。自家用車は、ささやかな自転車だけ、のわたしにとっては大いに支援したいところだ。

何もしなくても、すでに害毒を流すことのない、否、比較的には少ない老人だから、さらに、さらにこれに協力したいという思いがある。ついつい、消し忘れた電気など、〝ぼけない〟うちは、極力注意しなければならないと思う朝夕だ。

だが、わたしには、年来、この問題の奥底に一つの大きな「?」がある。遠慮なく、これにふれてみたい。

産業廃棄物による汚染と共に、否、いわばその一環として〝見のがす〟ことのできぬテーマ、それがいわゆる「軍事汚染」の問題だ。

「国内における日本軍の老朽化化学兵器廃棄」問題については、すでに報告されている（インターネットで同名で検索可能、二〇〇四年四月）。

神奈川県のさがみ縦貫道工事現場や平塚市の平塚第二地方合同庁舎、また福岡県苅田《かんだ》沖、北海道屈斜路湖や広島県大久野島など、枚挙にいとまがない（藤沢徹氏のご教示による）。

三

しかしながら、少し考えてみれば明瞭だ。軍事用の化学兵器、また各種の兵器は「使用」されなければ、やがて「廃棄」されるべき運命にある。「国内」と言わず、「国外」と言わず、例外はない。「使用」されたときは、言うまでもないが、「使用」されなかったとしても、その未使用物は、永く地球の内部深く残されざるをえない。右の諸例は、その中の若干、まさに氷山の一角に過ぎないのである。

地球の中で、この問題のもつ絶大な意義、それは人々の「想定」するより、はるかに大きいのだ。子細に、これについて述べてみよう。

四

敗戦から六十年余。幸いにも、第三次世界大戦は生じなかった。これを米・ソ間の「核の均衡」の成果と見なし、さらにソ連消滅後も、新たな「多極的な、核の均衡」状態下の産物と見ることも、不可能ではあるまい。

しかし、問題は次の点だ。

「戦争」ではなく、大局的には「平和」状態だからといって「軍事生産」や「兵器生産」が廃止されたり、中絶されたわけではない。それどころか、現在の「刻々、性能が向上している」現状では、「昨日」作った兵器が、「今日」も有効だとは限らない。もし、「今日」の研究と生産を怠ったなら、たちまち「昨日の有効性」は〝保たれない〟。それがリアルな現実ではあるまいか。

ということは、「昨日の兵器」は、「今日」は廃棄されなければならぬ。うまくゆけば、第二の従属国へと〝売り渡す〟ことはできようが、その第二、第三の従属国もまた、やがて「廃棄」し、「埋没」させる日が来ざるをえないであろう。

地球の女神、大地の掟《おきて》のテミスは、現代の多くの国家、おそらくすべての国家群が、この「軍事汚染」の中枢やその末端に加わっている、そして〝いつづけている〟ことを決して〝見のがし給うてはいない〟であろう。——わたしはそう思う。

五

では、問おう。

現代の国家群とは、いずれもこの地球の中の「一部」にすぎない。その「一部」の国家が、大国であれ、中・小国であれ、「全体」に当る地球に対し、「軍事汚染」をつづける〝権利〟があるのだろうか。それぞれの「大・中・小」の国家が各自、自分勝手な「法」を作り、この「軍事汚染」すなわち「地球汚染」を〝許容〟する、〝法的権限〟が存在するのであろうか。――わたしは「ない」と思う。それは明らかに「地球の一部」としての国家の〝越権行為〟なのである。

六

その点、「国家」だけではない。「宗教」も同罪だ。「宗教」は「国家」より淵源が古い。人類史上、発生した時間帯は、国家、ことに近代国家などより、格段に〝古い〟のである。悠遠だ。

この一点を「誤認」した、甲や乙や丙の国家が、はじめは〝さっそう〟と、やがては〝みじめ〟に、己が足をすくわれる姿を、わたしたちは歴史の影に次々と見てきた。認識してきた。否、今も「認識中」と言えるかもしれぬ。

しかし、今の問題は、新しい「国家」に対してだけではない。いわゆる、古き「宗教」に対してもまた、〝問われ〟ねばならぬ。〝突きつけ〟るべき、歴史上の運命をもっているのである。

七

問題は、簡単だ。次の命題一つ、提示すれば、よい。

「モーゼも、イエスも、マホメットも、『軍事汚染』の問題を知らなかった。」

と。同じく、

「釈迦も、老子も、孔子も、『軍事汚染』の問題を知らなかった。」

同じく、

「『天つ神』も、『天照大神』も、『軍事汚染』の問題を知らなかった。」

いわゆる「国生み神話」の中心をなす「天の沼矛《あまのぬぼこ》」が銅器生産の中で「多量の鉱害汚染」を生じていたことなど、一切〝知って〟いないのだ。この神話の〝語り手〟にとっては、全くの「認識外」だったからである。

八

以上は、決して、これらの予言者や教祖、「神」とあがめられた「名」に対する〝侮辱〟ではない。「非難」でもない。わたしはこれらの「名」、このような「神や人」に対して、深い敬意を有する。早くから、宗教問題に「思い」を潜めてきた、わたしにとっては、当然のことだ。これらの「名」に対し、およそ〝軽侮する〟ことなど、とんでもない。

しかし、そのことと、

「これらの『神や人』の経典類では、一切『軍事汚染』が直接ふれられていない」

事実は、これらの経典類の成立当時においては、その〝認識〟がいまだなかった。その史的事実の「明快な反映」以外の何物でもない。――それだけだ。

九

もちろん、ユダヤ教やキリスト教、そして回教、また仏教諸派や儒教や道教、それらの祖述者は次のように言うことであろう。

「いや、ちゃんと書かれている。何を隠そう、次のこれこれの明文や証句は、まさにそれをしめしている。」

と。それらは「経典類に対する、解釈」だ。いわば「教義化」なのである。それは、よい。そのような「後代の解釈」によって、それぞれの「経典類」は、〝持続化〟さらに〝永続化〟されてきた。有意義である。

その意義は、決して疑わない、大いに尊重すべきものだ。だが、その〝努力〟の意義を尊重することと、にもかかわらず、当の「経典類」それ自身の中に、明白にして率直な文面において万人に何の疑いもない形で、「軍事汚染」の危険を〝勧告〟していない事実と、この両者に矛盾はない。「両立する事実」なのである。

要するに、人類がこの「軍事汚染」問題に〝目覚めた〟のは、まさに「新しい歴史」に属する。その一事を語っているのである。

十

次のように言う人がある。

「地球上には、いろいろな宗教があり、それぞれ、独自のルールをもっている。日本人の多くは、それを知らない。」

と。もっともな指摘だ。わたしたちは、地球上、各地の各宗教の〝きびしい〟ルールに対して、あまりにも無知だ。そういっておそらく〝あやまり〟はないであろう。わたしも、そう思う。

けれども、それにもかかわらず、わたしは凛然《りんぜん》と指摘する。

「今までの、すべての予言者、教祖たちは『軍事汚染』問題の〝認識〟以前の時期の人々だった。」

従って、その時期に生れた「宗教」の名において、

「『軍事汚染』を正当化することはできない。」

——これが率直な結論だ。

十一

「エコ」や「CO_2」問題を〝強調〟するのは、よい。大歓迎だ。

だが、その中で、

「あなたの国家もまた、『軍事汚染』をつづけることは、許されない。」

と〝言い切る〟新しい立場が生れねばならぬ。それを〝言う〟ことなく、モゴモゴと「エコ」や「CO_2」を〝唱える〟人々に対して、わたしは何か、深く、いつわらぬ、

「？」

を感ぜざるをえないのである。不正直だ。

相手が「旧、戦勝国」であろうと、「旧、戦敗国」であろうと、一切これは関係がないのである。わたしは、そう思う。

二〇〇八年八月三十一日　稿了

（「閑中月記」第五五回、『東京古田会ニュース』第一二二号）

「西松建設」事件

一

最近、新聞やテレビ、各種メディアで〝見馴れた〟光景がある。

企業や官庁などの〝お歴々〟、その責任者たちがそろって「おわび」する姿だ。みな、神妙に謝罪の意思を表明するのだ。最初のうちは、「アッ！」と思ったけれど、そのうち「ああ、またか。」という感じになった。

いずれも、名立たる企業の社長や理事長といった面々である。彼等の年齢は、四十代・五十代から六〜七十代に及ぶ。若きは、三十代の場合さえある。

一般の国民、テレビや新聞の視聴者、読者は「ブルータス、お前もか。」ではないけれど、いわば〝裏切り〟の連続だ。やり切れない思い、それが大方《おおかた》の、いつわらぬ心情であろう。

だが、この「光景」、考えてみれば、何かおかしい。そう考える人はないのだろうか。——わたしは、そう思う。

二

たとえば、外国人がこれを見たとする。

「何と、現代の日本は不道徳（アンチ・モラル）なリーダーや彼等にひきいられてきた会社や官庁だらけ。それが今の日本の実態だ。」

そう思う〝向き〟も、少なくあるまい。――本当に、そうか。

だが、この数十年、日本国は一回も外国への「軍事的侵略」を行わなかった。自明の事実だ。反面、アメリカやフランスや中国などの行った核実験の被害を日本は受けてきた。ビキニなど著名な事件だった。汚染物質をふくむ、中国大陸の黄砂は、日本列島をおおってきた。これに反して日本側の核実験がこれらの国々に被害を及ぼしたことはない。これらは、地球にとって、そして人類にとって、それこそ本質的にアンチ・モラルな行為ではないのか。

「いや、視点を変えれば、日本はこの数十年間、絶えず〝アンチ・モラル〟な加害者だった。」

そう弁ずる論者もあろう。事実、それも言うことができる。可能だ。だが、ジーッと考えてみれば、何か変だ。わたしたちは、外国の最高責任者（大統領、首席など）から「謝罪」されたことなど、ほとんど無いのである。

この「矛盾」は、どこから来るのだろう。

三

出色の二著に出会った。

一は、『「法令遵守」が日本を滅ぼす』(新潮新書、二〇〇七年一月刊)(A)

二は、『思考停止社会――「遵守」に蝕まれる日本』(講談社現代新書、二〇〇九年二月刊)(B)

著者はいずれも、郷原信郎《ごうはらのぶお》。一九五五年、島根県生まれ。東京大学の理学部を卒業し、検事となった。異色である。東京地検特捜部、長崎地検次席検事などを経て、二〇〇五年から桐蔭横浜大学法科大学院教授として現在に至っている、という。

新書本だから、分量は多くないけれど、内容は濃い。そして何より、「方法」が実証的だ。日本社会の実態を〝摘出〟している。まさに「目を洗われる」思いだった。

氏によれば、日本の現代社会は「二重構造」をもっている。表層には欧米流の「法令」があるけれど、社会の深層では従来の日本的慣習にもとづく、一種の「慣習法」が支配している、というのだ(用語は、わたしの理解、わたしの表現である)。

四

これは現代の地球では、いわば〝ありふれた〟現象である。普遍的な姿と言ってもいい。なぜなら、近代の法令は、欧米流の形をとっている。それが「非、西欧社会」で実施される。「法令」の形をとる。

もちろん、西欧といっても、各国別々、一律ではないけれど、「全体」としてのイメージで、今は論ずる。

これに反し、各「非、西欧社会」は独自の歴史をもっている。いわゆる「西欧」より永い歴史の上に立っているものも、多い。そこでは当然、その社会の「暗黙のルール」がある。あるいは「公然のしきたり」があった。それなしには、社会生活は成り立たない。

日本の社会もまた、その一つだったのである。問題は、そこからはじまる。

五

郷原氏は、奇抜な比喩を使う。「水戸の印籠《いんろう》」だ。テレビドラマで活躍する、水戸光圀《みつくに》である。終り近く、助さん格さんがふりかざす、あれだ。武士も、商人も、庶民も、いっせいにひれ伏して、ジ・エンドとなる。

氏によれば、現代の日本の社会における「法令」のもつ役割は、これと酷似している。検察官や裁判官がこの「法令」をもち出すと、もう誰も〝あらがえ〟ない。会社員も、官僚も、国会議員も、新聞記者も、テレビ解説者も、共に、もう「文句」など言えない。日本国民、総出で〝ひれ伏す〟のだ。

この姿は、本当に正当か。その一点を郷原氏は問おうとしているのである。

六

問題は、マス・メディアに躍り出る食品企業バッシング。たとえば、不二家。たとえば、ローソン。たとえば、伊藤ハムなど。いずれも、例の「謝罪会見」の主《ぬし》だ。しかし、郷原氏のような「検察のプロ」から見れば、実態は「非」だ。マスコミの〝報じ手〟が、これらの背景をなす「法令」の意味を〝正確に〟とらえていない。「誤解」している。そこから生じた、いっせいバッシングだった、というのである。驚いた。

さらに、官僚の〝インチキ〟として、国民をあきれさせた、厚生年金の記録「改ざん」問題も、実際は「非」。官僚たちにとっては「ぬれぎぬ」だった、というのである。これも、全く驚かされた。しかも、これに対して、あたかも社保庁が〝犯罪集団〟であるかに報じた、各メディアの態度、それを「肯定」するかのような指示を行ったトップ（厚生労働大臣、舛添氏）の発言もまた、〝不適切〟であった旨、的確に述べられている。もちろん、マスコミ側も不勉強だった、とされる（（B）参照）。彼はそのとき緊急に設定された調査委員会の一員（委員）だった。

七

では彼は、いわゆる〝慣習法〟に対して「甘い」立場の人間だったか。――とんでもない。（A）の「あとがき」に紹介されているように、長崎地検次席検事だったとき、「政党への政治献金」の独自調査に取り組んだ。

「この捜査がそれから数ヵ月後、自民党長崎県連の幹事長（逮捕直前に辞職）と事務局長を逮捕するという事態に発展します。」（一八六ページ）

いかに秋霜烈日の検察官だったか、察せられよう。

八

わたしをもっとも驚かせたのは、次の一文だった。朝日新聞（二〇〇九年四月十九日、朝刊十五面、読書欄）にのった、次の一文だ。例の小沢一郎の秘書逮捕問題である。

「民主党代表の秘書が逮捕された事件も同じ構図です。検察が刀を振るったから、アイツは悪いとたたく。でも資金の流れは公開されている。法に照らして違法かどうか、自分の頭で考えることが必要です。」

彼はすでに『週刊朝日』（二〇〇九年三月二十日号）で次のように書いていた。

「不可解な〝微罪〟での強制捜査　検察は違法性を立証できるのか」

本人自身の記事である上、論旨もきわめて明快なので、いささか長文だが、末尾を再録してみよう。

「もちろん、政治資金の流れの透明性を高めるという政治資金規正法の目的から考えると、実質的な拠出者も収支報告書に記載して公表するのが望ましいことは確かです。しかし、政治資金の現実はまだそれとは程遠い段階なので、法律はまだそこまでは要求していないのです。

ところで、今回の事件は、選挙が近いと言われている時期に、次期首相の筆頭候補と言われている野党第一党党首の秘書を逮捕するという、非常に政治的影響力の大きい事件です。

こうした重大な影響の割には、今回の事件は、一億円の闇献金が発覚した日歯連事件などと比較して、規模、態様ともに軽微です。

政治資金規正法は、かつてはほとんど形骸化していて、一九九〇年代まではきちんと守っている政治家などほとんどいなかった。過去にさかのぼれば、違法の疑いがある処理も実際にはかなりあるはずです。

こうした状況下で、形式的に法に違反しただけで摘発できるということになると、検察はどの政治家でも恣意《しい》的に捜査の網にかけることができてしまう。だからこそ、摘発する事件は、他の政治家が一般的に行っているレベルよりも明らかに悪質性が高いということが言えなければならない。収支報告書の訂正などでは済まされないような事案でなければならない。

今回の事件が、政治資金規正法違犯として特別に悪質なものと言えるのか、それ以上のプラスアルファの事件があるのか、いずれかでなければ、このような時期に、重大な政治的影響を与えてまで強制捜査を行うとは思えないのですが、現在までの報道を見る限り、この事件が特別に悪質には見えません。

私の経験から見ても、今回の捜査は不可解な印象を拭えません。」

彼によれば、他の多くの政治家のケースに比べて、小沢一郎の場合は、もっとも透明性の高いケースだという。

九

中西輝政氏（京都大学教授）は、今回の小沢一郎の事件（「西松建設」事件）によって「日本の政治はスムーズな政権交代の可能性を喪失した」という。日本の歴史の転機となる「重大」な事件である。それが中西氏の「歴史家としての直感」だというのだ（『文藝春秋』二〇〇九年五月号、一一一ページ）。

そして昭和初期、検察のトップであった平沼騏一郎《きいちろう》による「帝人事件」によって、国民は政党政治に〝あいそ〟をつかし、そこから軍部の独走と支配をまねくこととなった。やがてこの事件は「全員無罪」として決着したけれど、この事件の〝政治的効果〟は、その後の日本の運命を決《き》めた。今回の「西松建設」事件は、それに匹敵する歴史的意義をもつだろう、というのが、中西氏の警告である。

十

わたしはもちろん、一定のイデオロギーや政党びいきなどから、この一文を書いているわけでは、毛頭ない。言うも、愚《おろ》かだ。

麻生太郎首相も、小沢一郎も、その育ってきた歴史素養は「近畿天皇家一元主義」であり、「九州王朝論」や「東北王朝論」なども、おそらくそれほどご存じないかもしれないから、文字通り〝どっちもどっち〟だ。

しかしながら、わたしに関心のあるところ、それは「論理のすじ道」、そして実証性だ。広い視野に立つ「判断力」である。五十四歳の郷原氏の〝冷静で、鋭い分析〟に膝を打った。見事である。今回の、わたしの関心はその一点にあった。

十一

日本のメディアは健全だった。『週刊朝日』（二〇〇九年五月十五日号）に接したとき、そう思った。これは「朝日がどう」「産経がどう」「毎日や読売がどう」といったレベルの問題ではない。

「徹底検証『西松建設事件』とマスコミ報道」郷原信郎と魚住昭（対談）

「貝になってしまった『法の番人』たち」松田光世

「あえて言う『いま小沢が辞めたら民主主義の敗北だ』」高野孟

三篇とも、現在の問題の急所を突いている。その上、『週刊朝日』編集部が「サルでもわかる『小沢が辞めてはいけない』理由」として、

①検察の法解釈が間違っている。

②小沢代表の主張の正しさが証明された。

③民主主義の根幹にかかわる問題だから。

の三項目につき、簡明な解説があげられている。いずれも、明確だ。「サル」云々というような、（サルへの）〝差別表現〟はいただけないが、人間としてのわたしにはよく分る。

十二

さらに名文を読んだ。

中西輝政「歴史は誰のものか」（『歴史通』WiLL別冊、二〇〇九年第一号（Spring））。

歴史史料の本質、時代権力や時代風潮と歴史記述との関係、各面にわたって周到の筆致をしめしている。

有名な、イギリスのエドワード八世の退位劇、シンプソン夫人との熱愛ロマンスが、実は英国諜報部の〝仕組んだ〟美談だった、という話に驚かされた。夫人はドイツ諜報部の職業的工作員だった。それを知ったイギリスのスパイ摘発機関が「国王」（八世）に迫った、というのだ。その「退位」のために〝作られた〟のが、例のロマンスだった、というのである（「ドイツ外交文書集一九一八―四五」Documents on German foreign policy 1918-1945）。

わたしなどには、全く「無知」の世界だった。氏は現代史の史料には、全体として「隠匿」や「（故意の）公表」が多い、とする。その通りであろう。

しかし、古代史の世界でも、同じだ。古事記や日本書紀は、その史料としての「本質」が〝天皇家によって、天皇家のために作られた〟天皇家の歴史書であること、これに対する史料批判が、（専門家、日本国民ともに）忘れ去られている。

もちろん、その史料批判が「反、天皇家」といったイデオロギーの立場からでは駄目だ。郷原信郎氏のしめされたような、実証的な方法、全体に対する理性的な判断、それのみが必要だ。この一点において、現代史にも、古代史にも、何の差異もない。それは「学問の方法」そのものだからである。

今回の「西松建設」事件は、あの大津事件（明治二十四年、ロシア帝国皇太子ニコライ（二世）への傷害事件。津田三蔵・児島惟謙）にも匹敵すべき、否、それ以上の「日本の歴史の運命」を決すべき事件となろう。わたしはそう思う。

二〇〇九年五月二日深夜　稿了

（「閑中月記」第五九回、『東京古田会ニュース』第一二六号）

真の「天の声」

一

この三年間に事件が起きた。日本の歴史が一変したのである。日本国民はまだそれを知らない。発端は、敗戦にさかのぼる。日本列島中の各学校で教科書が墨で消された。その筆頭は「天孫降臨」。天照大神の孫、「ニニギノミコト」が天上の高天原から、この日本列島へ降りてくるところ。その高天原から地上へ雲がたなびき、「ニニギ」とその〝おつき〟の神々が到着された。明治以降の天皇家はその直系の子孫だというのである。

敗戦後、マッカーサーの占領軍がその「抹殺」を指令した。そのため、右の〝光景〟が日本中の各学校で見られたのである。わたし自身はこの〝光景〟に出会うことはなかった。小・中学時代は、右以前。長野県の松本深志高校（旧制松本中学校）の教師になったのは、昭和二十三年。すでにそのあと、三年目だった。

この画期的な「墨消し」は、その後六十数年間の日本の歴史に、そして日本人の「魂」に深い傷跡を印した。今回それが〝正面〟に出たのである。東京地検特捜部が起訴の冒頭陳述で使用した「天の声」問題だ（二〇〇九年六月十九日）。ここには、現代日本人の病、その腐敗の構造が、たくまずして、そして遺憾なく表現されている。しかし、当人たちはいずれもそれを知らない。

二

わたしは旧制広島高校から東北大学法文学部の日本思想史科に進んだ。昭和二十年の四月、敗戦の五ヶ月前だった。

村岡典嗣先生に学んだのは、わずか〝足かけ〟三ヶ月だったけれど、先ず取るべき単位をおうかがいすると、「ギリシャ語を。」とのこと。当時の「公定」の、〝神がかり〟めいた日本の歴史ではなく、ソクラテス・プラトンの「学問の方法」によって、古事記・日本書紀等の日本の古典を研究すべし。十八歳の青年だった、戦争中のわたしに、先生は深く、これを求められたのだった。

そのわたしにとって、昭和二十年に〝襲来〟した「教科書、塗《ぬ》りつぶし」は、いわば当然だった。

三

当然でなかったのは、半世紀以上、今日《こんにち》までつづいている「神話否定」というより、「神話侮辱」の精神。それをおしすすめてきた、戦後教育だった。

「それは神話にすぎない。」

と言えば、〝ウソ八百〟の意味で使われ出した。新聞・テレビ・雑誌等あらゆるメディアがこれに追随した。有名インテリと称される人々もまた、この表現を使って恥じなかった。彼等はみな、「戦後教育」の中でそのように思いこまされていた。そして一回も、次の問いを発したことがなかった。

「本居宣長によって行われた『高天原』への理解、それ自体が果して正しかったのか。」

と。日本の古典に対する、正確な、そして厳密な理解、この問題である。

四

論より証拠。今回の「東日流《つがる》〔内・外〕三郡誌」の寛政原本の「発見」を契機として、藤沢徹さん（「東京古田会」代表）が指摘された史料がある。次のようだ。

「筑紫の日向に猿田彦一族と併せて勢をなして全土を掌握せし手段は、日輪を彼の国とし、その国なる高天原寧波より仙霞の霊木を以て造りし舟にて、筑紫高千穂山に降臨せし天孫なりと、自称しける。即ち、日輪の神なる子孫たりと。」（傍点等、古田）

ここには「高天原寧波」という、耳馴れない〝地名〟が現われている。「寧波」は「ニンポー」。中国の杭州湾南辺の現存の地名だ。

右の文の直前に、次の文面がある。

「高砂族と曰《い》ふも、元来住みにける故地は寧波と曰ふ。支那・仙霞嶺麓、銭塘河、水戸沖、杭州湾、舟山諸島なる住民たりと曰ふ。」

ここで高砂族といわれている人々は、（台湾ではなく）本来は、江南の杭州湾、舟山列島の近辺に源拠のあった人々である、との記述だ。杭州湾の入口（西側）には浙江がそそぐ。浙江省という省名のもと、である。日本の比叡山の最澄（伝教大師）が学んだという、天台大師の拠した天台山も、その一角にある。この地帯が「東日流〔内・外〕三郡誌」の始祖、「安日彦・長髄彦」たちの〝祖源の地〟なのである。

では、その一角の「高天原寧波」とは、一体何物か。すでに『なかった――真実の歴史学』第六号（二〇〇九年七月初、刊行）に詳説した。

今は簡明に個条書きしてみよう。

五

第一、海士（あま）族は、黒潮の分流の対馬海流を主舞台とした、海洋民族であった。

第二、奄美（あまみ）大島（鹿児島県）や海士（あま）町（島根県隠岐島）は、その系列の現地名である。

第三、これを「天（あま）」と表記したのは、〝漢字面を使った、美称〟である。

第四、海士族は、海流の両側の陸地に「生活拠点」をもっていた。いずれも「水の豊富な領域」を拠点とした。

第五、「たか」の「た（太）」は、〝第一の、一番の〟の意。「か」は「かは（川）」の「河（か）」。〝神より賜うた、神聖な水〟を意味する。「高」は〝当て字〟にすぎない。やはり美称である[1]。

第六、「原」は〝バル〟。〝集落〟の意義である。九州の平原（ひらばる）・前原（まえばる）・田原坂（たばるざか）等。

第七、「高天原（たかあまばる）」とは、すなわち〝水の豊富な、海士族の拠点、集落〟を指す名称であった。

第八、従って対馬海流の両側（九州と呉・越地方。九州と韓半島南辺との間、等）にはこの「高天原」が各地に存在した。寧波も、その一つ。言わば〝ワン・ノブ・ゼム〟である。

第九、「東日流〔内・外〕三郡誌」の「高天原」の文面は、この立場に立って書かれている。(2)

六

以上の文面と用語使用には、何一つ〝神がかり〟など、存在しない。きわめてリーズナブルだ。だが、『古事記伝』を書いた本居宣長には、右のような「認識」が存在しなかった。ために「高天原」を〝漢字の文面〟側から先ずとらえ、あの“sky”ないし“heaven”にある「理想郷」、いわゆる「天上世界」のように〝誤解〟した。それを批判する者を「からごころ」と呼んで攻撃したのである。

そして明治以降の国学者、国文学者たちも、すべてこの「宣長の〝神がかり〟めいた曲解」に従ったのである。それが右の挿図となった。これがことの背景だ。

要するに、宣長は「東日流〔内・外〕三郡誌」の世界を知らなかった。

今日《こんにち》もなお、古事記・日本書紀の「本居宣長的曲解」を〝正し〟として疑わず、「東日流〔内・外〕三郡誌」を「偽史」と称する人々が絶えない。

真実の正反対の立場である。

七

今回「西松建設」の当事者は「天の声を聞いた。」と主張しているという。きわめて〝文学的な表現〟だが、それによって、汚職の存在が「暗示」されているというのであろう。

しかし特捜部は、先ず言うべきだった。

「『天の声』というような、大切な日本語に、そんな汚い使い方をするな。」と。もし、日本人の魂をもつ人が、日本の検事にいれば、これを第一声とし、「公表の基本」とする。それが日本の検察の「義務」だ。

事実は、反対だった。この「汚い用法」に乗っかり、それを起訴の中心にすえた。見苦しい。「公的な仕事」そして「正義の仕事」に任ずる日本人ならば、耐えられぬ用法だ。一官僚の「検事」に美しい日本語を〝汚す〟権利など、あろうはずは、毛頭ない。

八

彼等は戦後教育の中で育った。ために、東洋世界、そして日本文化の中で重要な、この日本語を「悪用」したのである。「悪用」そのものの使用者を、きびしく叱責する、人間として肝心の力量をもたなかったからである。

この点、国外から見れば、明瞭だ。いかに政府筋が「検察は粛々とやっている」などと称してみても、他国民の「目」は、これを信用しない。

「韓国では、前代の大統領がねらわれ、日本では現在の野党が標的とされる。与党関係はダミー（見せかけ）にすぎない。これこそアジアの民主主義の限界、そして堕落だ。」と。そのような、世界の「判断」を止める力は、日本の検察にはない。ないのは、やむをえない。しかしそんなことより何千倍も重大な一事、それは日本人の「魂」が汚されたことだ。かつて「天の声にも変な声がある。」などとブラック冗句（じょうく）のつもりで使った政治家（のち、首相）があったけれど、今回は正面からの「悪用」だけに一層罪が深い。

「日本語を守れ。」これが真の天の声だ。

注

（1）『多元』「言素論 XXIII『君が代』について」「部落言語学」（5）、二〇〇九年七月等（各回）。

（2）史料は『和田家資料1』（藤本光幸編、弘前市、北方新社、一九九二年八月刊）二二三〜二二六ページ「荒吐神要源抄」による。

二〇〇九年六月二十七日　稿了

（「閑中月記」第六〇回、『東京古田会ニュース』第一二七号）

沖縄問題の本質――新国防論

第一、人々が一番大事なことを忘れたとき、展望は見失われ、未来は必ず行きづまる。――これがわたしにとって物事を見るための視点、その方法である。

第二、これは古代史だけではない。現今の沖縄の軍事基地問題も、その一つである。多くの論議が行きづまっているのは、問題の基本の出発点、その原点が忘れられているからである。

第三、端的に言う。アメリカ軍の軍事基地、その空港の中心拠点は、現在の東京都の皇居（旧江戸城）以外にない。

第四、アメリカ軍は東京都全体に完膚《かんぷ》なきまでの絨毯《じゅうたん》爆撃をしたにもかかわらず、皇居だけは例外とした。戦勝後の「天皇家利用」のためである。

第五、同じく、アメリカ軍の侵攻地点として沖縄が選ばれたのは、戦勝後のアジア（ソ連・中国）への対策のための、アメリカ側の意図（プラン）に拠る。

第六、かつて沖縄問題（大江健三郎の著作に関して）で裁判官が「日本の軍部の関与」を称したけれども、この視点は不正確である。なぜなら「大関与」はアメリカ、「中関与」は中国（国民政府と中国共産党）であり、日本の軍部は「小関与」だ。言わば「受動的」に、その地（沖縄）は、アメリカ軍によって「選ばれた」ものだからである。裁判官は「大関与」と「中関与」を〝除外〟して論じた。「利口」な弁明ではあっても、ことの真実は避けている。

第七、現在の沖縄問題のポイントをのべよう。天皇は常時、みずからは爆音なき皇居にあって、時折現地（沖縄）に行き、「ねぎらいの言葉」をのべるべきではない。それはいかに言葉を尽くそうとも、しょせんリップサービスに過ぎない。それを〝ほめたたえ〟たり、〝感泣し〟たりする徒輩は、究極において「阿諛《あゆ》の徒《と》」にすぎぬ。一種の「ニセ右翼」だ（もちろん「ニセ左翼」と〝同罪〟である）。

第八、天皇家が旧江戸城に進駐されたのは、「征夷大将軍」の徳川家の時代の終結、明治維新の開始を鮮明に（全国民へと）告知する行為だった。この一事で人々は（りくつではなく）新時代の到来を知ったのである。

第九、敗戦とは何か。当然ながらアメリカ軍の日本列島支配という一点以外を意味しない。予定通り、アメリカ軍は一方で厚木等に軍事基地を置き、他方で（当初の予定通り）沖縄に軍事基地を置いて、対アジアの拠点とした。それが現在である。

第十、問題の急所、それは沖縄の人々の「不平等感」だ。「なぜ、われわれだけが（あるいはもっとも多大に）アメリカ軍の爆音下に暮しつづけなければならぬか。」――これが心情の原点である。全く正当である。

第十一、日本列島の他の地域（沖縄以外）の人々も、みずからの周辺にはこれ（アメリカ軍の爆音等）を拒否し、沖縄には「許容」していること、全く不条理であり、極めたる卑怯である。その原点がすなわち、（誰もふれようとしなかった）旧江戸城、すなわち皇居に他ならない。

第十二、天皇家はさわやかに敗戦の責任をとり、旧江戸城を彼等（アメリカ軍）にゆずってやればよい。

第十三、みずからは、本来の旧居（京都御所）へ帰り、ここを本拠とする。東京では上野の全域を仮御所とする（博物館・美術館等は、一ヶ所——たとえば学士会館の本館など——に百階ないし五十階の、ビルを造り、そこに集結すればよい）。

第十四、皇居以外に、厚木基地や全国の各県の空港も、当然その義務の一端をうけもつべきである。

第十五、沖縄には「南のハブ空港」の役割を期待したい。

第十六、以上に必要な費用はすべて全国民の消費税で支払う（即刻には、国債も可）。「爆音等」の代価である。

第十七、わたしの尊敬する思想家、トマス・ペインの金言（『コモン・センス』）のように、「本気で他国の軍が（生命を賭して）自分たち（植民地）を守りつづけてくれる、と思うのは、愚《おろ》か」なのである。

第十八、日本は「新々憲法」の第一条に「原水爆の不所持」を宣言する。新たな、日本の誇り、全人類の希望となろう。

第十九、同時に、他国の攻撃に対抗するための防御的科学に国家の全力を投入しなければならない。

第二十、真の国防の基礎は「国民の心」だ。自国を一人一人が愛し、自国のありかたを誇りとする。日本人がこれを持ちつづければ、日本を侵す他国は、それが大国であれ、中国であれ、小国であれ、必ず歴史の流れの中で〝うたかた〟のように、自壊してゆこう。それが歴史だ。

第二十一、いかなる超大国の完璧な軍事力も、現地の庶民の「心」に支えられなかったら、結局空しい。日本の諺に言い伝えられている。「豆腐に、かすがい。」と。真理である。

第二十二、天皇家は、輝かしき日本国の「象徴」として、その本来のポジションに帰るべきである。
——沖縄のリップサービス、にせ右翼。あらず、われこそ天皇の知己——。

二〇〇九年十二月八日　浄書了

（「学問論」第一八回、『東京古田会ニュース』第一三〇号）

「沖縄よ」

一

新たな提案をしよう。

東京都の皇居前広場の一画に、「沖縄子供会館」を作る。このホールに、子供向けの種々の施設を完備する。「遊ぶ」ための広場、「学ぶ」ための学校も、備える。無料、もしくは、超、低廉価だ。親とお年寄りは、つきそい。

それらの費用は、もちろん日本国家が用意する。東京都が協力する。理由は「?」。もちろん、沖縄に集中した軍事基地だ。その〝当然すぎる〟代価の、ほんの一端なのである。

二

日本政府は「密約」を結び、アメリカの軍事基地に対して種々の支援を行ってきた。たとえば「思いやり予算」なども、「表」に出た、その一部にすぎないであろう。

沖縄は〝うるおった〟のだ。沖縄の「誰」が、受益者となったのか。その回答が、一昨年から昨年にかけて「表面化」した、県民と市民の「反応」だ。「否（ノウ）」の表明であった。

今、日本政府は、先ずアメリカとの「共同見解」を発表し、それをもって現地の住民に対して「諾（イエス）」の声をえよう、と苦慮している。まさに「苦慮」以外の何物でもない。そのアメリカの「意思」の根源は、当然、アメリカの軍部だ。その世界戦略の、重要な一環に沖縄は置かれているのである。それは、自明の基礎事実なのであるから。

三

わたしが再三、のべてきたように、ことは「黒船」にさかのぼる。明治維新以前に日本列島の一画の海上に姿を現わした、彼らの「目的」は、何か。「水の補給」か。「捕鯨の中継地」か。「非（ノウ）」。それらは、「一端の真実」にすぎぬ。全体としての真実ではない。では、何か。当然、「残された、アジアの独立国、日本に、確たる軍事基地の『定点』を作るため。」だ。それ以外の何物でもない。その「定点」が沖縄だったのである。歴史の帰着点だ。

四

「日本は、こうして戦争を選んだ。」

このテーマを〝実証的〟に論述する学者がいる（加藤陽子氏[1]）。一つ、ひとつは、まことに精細、かつ具体的だ。「これぞ、学問。」そのように見る人もあろう。これだけ、具体的な「史料」を証拠にあげているのだから、異論は出せまい。そう思う人も、あろう。しかし、わたしは「否（ノウ）」だ。

いくら「部分的事実」や「各個の資料」を積み上げてみても、簡単な「一個の事実」に抗する力はないのである。いわく、

「日本の国家と軍部には『一片のワシントンＤＣ占領計画』も存在しなかった。」

それなしに、否、ないからこそ表面で「米英撃滅」の空語を日本国民にいたずらに〝ふりまいて〟いたにすぎなかったのである。

そして、ハッキリしている事実がある。それは、

「戦えば、必ず敗ける。」

という事実だ。なぜなら、現代の軍艦も、飛行機も、戦車も、すべて動力は「石油」だ。「石油」のみが、根源のエネルギーなのである。

とすれば、「石油なき日本」が「石油あるアメリカ」さらに「ＡＢＣＤ諸国」（America, Britain, China, Dutch）を「敵」にまわして〝勝てる〟はずは、はじめからない。いわゆる「南方進出作戦」は、そのための「苦慮のあがき」だ。〝はかないパフォーマンス〟にすぎない。「頭のある」日本人なら、誰にも、それは分っていた。

アメリカとの戦争に〝踏み切って〟間もない頃、わたしは広島市の一画、岡田甫《はじめ》先生のお宅で、それを聞いた。「日本は敗けるよ。それからが、君たちの出番だ。」と。

歴史は、そのように進行した。

五

だから、アメリカは「加害者」だった。本質的に「敗けるはずのない戦争」へと、日本を〝ひきこみたかった〟のである。その証拠文書、それは「ハル・ノート」だ。そこには「いかにして、日本を『開戦』へと引きこむことができるか。」そのための〝仕掛け〟が満ちている。「文は人なり」の言葉通り、その文は、今読んでみても、執筆者ハルの「人」がそこににじみ切っている。

しかし、昭和天皇や東条首相の〝生まじめさ〟だけでは、相手側の「願望」を読み抜くことができなかったようである。それが日本の「敗戦」を決定した。運命づけたのである。

六

逆に、アメリカ側にとっては「敗ける心配のない戦争」だった。本質的に、自分たちが「加害者」であることを知悉していたのがアメリカ軍だった。

たとえば、広島に原爆を投下する前に、空から精細極まる写真を撮っていた。一軒一軒、指示できる精密さだった。現代の「自動車案内のカーナビ」は、その「平和利用」なのである。

一軒一軒に、「いくつの部屋」があるか。「窓はどちらに向いているか。」しめされて森一久君は驚いた。彼は、わたしと同年。同じ旧制広島高校から京大の湯川秀樹さんの弟子となった。理論物理学の出身。父と母と三人の兄弟を広島で失った。ABCC（Atomic Bomb Casualty Commission）の責任者から、その「原爆投下以前」の、広島の精密写真を見せられて、彼は愕然としていた。昨年のはじめ、彼は死んだ(2)。

七

アメリカは「加害者」であることを知悉しているからこそ、日本人に対して、「厖大なA・B・C級戦犯」を指名し、処刑した。死刑をしつづけたのである。それなしには、「正義のアメリカ人、残虐な日本人」というイメージを「公的なプロパガンダ」とは出来なかったからである。ドイツやイタリアでは、逆に「国民たちはナチスやファシズムの被害者」という側面が強調された。

敗戦後の六十六年間の中で「自尊心なき日本人」の創出に、彼らは「成功」したように見える。しかし、本当にそうか。

八

本題に返ろう。

近年の「慣例」がある。天皇がみずから沖縄におもむき、「深い憂慮の念」をのべられる。各メディアは、いっせいに、沖縄の人々の「感動」を伝える。そういう、一年に一回の「儀礼」である。

しかし、本当にそれで沖縄の人々が〝納得〟しているか。——否（ノウ）だ。それは選挙や集会で表現されたところが、率直につげている通りだ。疑いようはない。

沖縄ほどの苛烈な爆音災害、女性たちの被害などの「ない」、あるいは「少ない」〝本土〟の人々が、自分たちの「県」や「市」にだけはアメリカの軍事基地を〝拒否〟する、その〝身勝手さ〟に怒っている。沖縄の人々は、心から怒っているのである。当然だ。

九

だからわたしは、かつて提案した。天皇家はみずからの本拠を、本来の京都の御所に返し、「江戸城」つまり、三百年の軍事基地の中心だった、現皇居を、アメリカ軍の「軍事基地」として〝与え〟よ、と。ただの戦闘機一機でもよい、彼等に、それを与えよ、と。そして東京には、別個に東京の「仮御所」を作り、そこで果すべき公的事務をなさればいい。たとえば、上野だ。荘厳で、簡素な高層ビルを建設する、と。

その目的は、明晰だ。各県や各市に対して「自分のところは、軍事基地は『イヤ』だ、他ならどうぞ。」と称して結局「沖縄」だけに押しつけている。その立場の「醜さ」を、「汚さ」を、天皇家がみずからの「徳」をもってしめされることだ。「国民の象徴」とは、「徳」に尽きる。その一字にあるのではなかろうか。

十

悲痛な一文に接した。「沖縄国家、独立論」だ。龍谷大学教授だが、出身は沖縄の方である。松島泰勝さんだ（「『琉球独立宣言』の意義」毎日新聞、二〇一一年二月十五日、火曜日、朝刊、十八面、おおさか発）。「反対か。」と問われれば、決して「否（ノウ）」とは言えない。なぜなら、「〝手前勝手〟な日本国家への絶望」だ。それが背後に深く、にじんでいるからである。

「では、賛成か。」と反問されれば、やはり「諾（イエス）」とは、すぐ言えないのだ。その「独立論」の底に、「一種の幻想」が存在するからである。

氏は世界の「独立国家」の中に、沖縄よりはるかに「人口の少ない国々」のあることをあげられる。その通りだ。だが、そこには「大きな〝ちがい〟」が存在する。何か。

「アメリカ軍が、沖縄を世界戦略の重要拠点と見ている。」

この一点だ。他の「小国群」には、それが「ない」のである。

すなわち、この「独立論」は遠からず、あるいは直ちに「アメリカの一属州論」へと傾斜すべき、一種の「必然性」をもつ。その一点が、きびしく「見られていない」のだ。わたしはハッキリとそれを感ずる。だから、安易には「諾（イエス）」と言えない。

「日本語を話す一州」がアメリカ合衆国の一つにくわえられること、それがアメリカにとって、「幸せ」か、「不幸」か。歴史の女神の熟知されるところであろう。

わたしは松島氏の深い絶望に対して心から「共感」せざるをえない。沖縄は、独立のために、永遠の

権利をもって当然だ。今、不可欠なもの、それは天皇家、そして日本国家の、一個の「決断」である。それ以外に、ない。(3)

注

（1）『それでも、日本人は「戦争」を選んだ』朝日出版社、二〇〇九年七月刊。

（2）「学問論」（第十六回）「尺寸《せきすん》の地を我に与えよ――「ヒロシマ」の記念塔」（『東京古田会ニュース』第一二八号、二〇〇九年九月、本書二九四ページ）

（3）各県各市の（沖縄に対する）具体的、行動的な独自の対応が必要、不可欠である。これが本稿の焦点だ。

二〇一一年二月二十日　稿了

（「学問論」第二五回、『東京古田会ニュース』第一三七号）

日本戦略

一

わたしは「経済」には、全く〝うとい〟人間だ。経済学の「イロハ」も知らぬ者である。全くの「素人《しろうと》」だ。否、おそらくそれ以下であろう。社会生活の各分野、また各職業において種々の「知見」をそなえた方々から見れば、文字通りの「ど素人」以外の何者でもない。

そのような「経済音痴」のわたしだけれど、最近の日本の経済状勢を見ると、心中深く「?」を禁じえない。また新聞・テレビ・雑誌等、各種メディアにおける、各界の識見ある方々の論説や解説を見ても、わたし自身のもつ「?」に回答を与えてくれるものを見ない。

もちろん、それらは「書かれている」にもかかわらず、わたし自身の「知見」の狭さから、〝目に入らないでいる〟だけかもしれない。

多くの識者の「嘲笑」を覚悟した上で、わたし自身の〝受けとめ方〟、そして大局に対する判断をここに書きつづらせていただこうと思う。

二

わたしの「目」では、現在の日本の不況の根本原因は「独立国と植民地との落差」問題であると思う。そう見えているのである。なぜか。

近世から近代にかけて、それは西欧が「先進国」として、西欧以外の他の世界を「植民地」として領有し、みずからの繁栄を謳歌した時代だった。周知の事実だ。

その時代、宗主国の西欧はアジア・アフリカ等の植民地の人々に対して「教育による知的向上」には決して熱心ではなかった。もちろん尊敬すべきシュヴァイツァーの、アフリカに捧げた生活のような事例はあるけれど、それは言わば「例外」だ。全体としての西欧が「非西欧人」に対した姿勢ではない。

もっとハッキリ言おう。西欧は己《おの》が植民地人が「無知蒙昧《もうまい》」であることを〝欲した〟のである。なぜなら「無知蒙昧」でなければ、いわゆる「植民地人」としての生活、誇りを奪われ、土地を奪われ、「国家」を奪われた「現状」に、彼等が〝満足〟するはずはない。否、その〝しいたげられた〟人種格差に〝耐える〟ことはおよそ不可能なこと、暗夜に火を見るより明らかだった。すなわち、西欧人にとって非西欧人が「無知蒙昧」であること、それは統治上、必要不可欠の基本テーマだったのである。

三

この点、日本はちがった。

江戸時代の鎖国状態を脱したあと、明治維新を遂《と》げ、「独立国」の道を歩みはじめた。いわゆる不平等条約改定の努力も、その基本は「独立国」だったから、そのための〝苦労〟だったのである。

その明治維新が〝必要〟としたもの、それは国民に対する「知的向上」だった。津々浦々に小学校が建てられ、普通教育が〝叱咤《しった》激励〟された。有名な、福沢諭吉の『学問のすすめ』が超ベストセラーとなった事実も、右の状勢の反映だ。それは一言で言えば「無知蒙昧」の克服だった。より正確に言えば、江戸時代の「身分格差」による「教育格差の壁」を大きく〝とりはらう〟作業だった。それは少なくとも、アジアやアフリカなど、「植民地」ではありえなかった「未曾有の事件」だったのである。

四

すでに何回も、語ったり書いたりしたことだけれど、わたし自身の「見聞」をしるそうと思う。

父親は土佐の出身だった。広島の高等師範に入学した。授業料免除どころか、多大の「給与」が出た。学生たちに対してだ。その「給与」から、数多い身内、兄弟へ〝仕送り〟をした。それだけの〝額〟だったのである。

教師（旧制中学・女学校）になっても、当時の社会の経済水準から見れば〝恵まれ〟ていたかもしれない。少なくとも、日本各地を訪れるときの「国鉄」の乗車券が〝給付〟されていた。

父は明治・大正・昭和の「教育重視政策」に〝感謝〟していたように（息子のわたしからは）見えた。その点、敗戦後に教師となったわたしとは、「感覚」に〝ずれ〟があったようである。

今、言いたいのは、こうだ。

「明治維新以降の日本国家は、（分《ぶん》不相応なほどの）教育重視政策をとっていた。」

この一事だ。「陸士」（陸軍士官学校）「海兵」（海軍兵学校）だけが、国家の〝重視対象〟ではなかったのである。

五

本論に入ろう。

池田内閣は、「所得倍増」政策を採用した。いわゆる「学生運動の嵐」が各大学の青年たちを〝熱狂〟させた、その直後だった。

潮が引くように、熱気が去り、「三種の神器類（洗濯機、テレビなど）」への購買欲が日本列島をおおった。池田首相の政策提言、その大胆な政策は「成功」したのである。なぜか。

アジアの中で、日本は〝突出〟していた。明治維新以来の「教育重視政策」が実を結び、近代工業製品を「量産」すべき労働者、そして技術者が十分用意されていた。

たとえば、戦闘機「隼《はやぶさ》」、欠陥はもちながらも、部分的性能では〝世界第一位〟の実績をしめした。それらの工業製品の「生産能力」が、一般用の電化製品などへと「転用」されたのだ。

だが、アジア・アフリカ等の「旧、植民地」では、そうはいかなかった。宗主国側によって「無知蒙昧」に〝放置〟されていた。否、意図してそのように〝仕組まれて〟いたからである。

日本列島と他の非西欧圏との〝落差〟の深さ、そこに池田提案「所得倍増」政策が〝成功〟した、その現実的基盤があった。わたしにはそのように見える。

六

敗戦後、六十年が経《た》った。アジアやアフリカの旧植民地は「独立」した。すなわち、宗主国が己が植民地の人々に「無知蒙昧」を〝強制〟する時代は〝去った〟のである。当然、各「新、独立国」は己が国民に対して「知的向上」につとめた。各国それぞれの「落差」はありながら、基本は明らかに〝変動〟したのである。そして六十年を経たのだ。

すでに、日本列島と非西欧の領域との間に存在した「知的格差」は〝消え〟た。あるいは〝消えよう〟としている。それが現在だ。

思い出す「光景」がある。二十数年前だ。当時、わたしは再三中国を訪れた。高句麗好太王碑問題や三角縁神獣鏡問題等、現地（中国）の現物に接し、確認すべきことが山積していたからである。その一日、ホテルに泊った夜、一行のある方がわたしに報告された。翌朝のことだ。

「中国は今に、すごい国になりますよ。」

「ほう。」

「昨日の夜、外へ出て散策したんです。すると、道路や公園の街灯の下で、中国の若い連中が、一所懸命、本を読んでいるんですよ。勉強してるんですね。自分の家の中では電気が不足しているから、街灯の下で一心不乱に読んでるんです。きっと、中国は伸びますよ。」

いまだ興奮さめやらず、の口調だった。わたしは深くうなずいた。当時、二十歳前後の青年が、今はもう四〜五十代、現在の中国の中心をささえているのだ。今日の中国の繁栄は決して偶然ではないのである。第二次大戦終結のとき、十歳の子供は、もう七十歳の老人なのだ。知るべし。

七

右は決して中国だけの話ではない。インドでも、ベトナムでも、インドネシアでも、皆必死で「無知蒙昧」からの脱出がつづいている。すなわち「日本列島との落差」は、急速に、不断に〝せばまり〟つつある。否、すでに〝越えて〟いるかもしれない。

日本もかつては、卒業式のとき「蛍の光、窓の雪、文《ふみ》読む月日重ねつつ」と歌った。中国古代の〝蛍雪〟の故事に学んだのだ。受験雑誌まで、この二字を用いていた。「蛍雪時代」だ。

だが、今は「がり勉」を軽蔑する青年が多い。少なくともそれは〝カッコイイ〟ものとは、見なされなくなったのである。いよいよ「旧植民地」と「日本」との〝知的能力の差〟はちぢまってきている。それにもかかわらず、わたしたちは池田内閣の〝実施〟した「所得倍増」経験の延長線上にある。日本人の「所得」は、依然「高い」のだ。他の多くの「旧植民地の人々」に比べて。それで「不況」にならなければ、土台〝おかしい〟のだ。わたしにはそう思われる。どこか、わたしの判断は、基礎認識は、大きく〝まちがっている〟のだろうか。

八

率直に提案しよう。

日本列島人の「所得」を「三分の一」に減額せよ、と。〝無茶〟とみえる、聞えるかもしれないけれど、その地点から改めて「再出発」するのだ。

そして日本列島内の「産出製品」の質をもっと、もっと高める。とすれば、「日本製品」は〝売れて〟〝売れて〟困るのではないか。「就職難」など、ふっ飛んでしまう。「派遣」も、〝ふっ飛んで〟しまう。当人が〝熱望する〟ケース以外では、会社に〝都合のよい〟「派遣」は、国家には〝不都合〟だ。人間には〝不都合〟なのである。

多くの会社員が「所得倍増」路線の上に〝安坐〟しているから、会社側はこの「派遣」という「名案」、否「迷案」に頼ろうとするのだ。

「秋葉原の悲劇」を忘れてはいけない。忘れれば、ふたたび、そして三たびさらに深くおこるだろう。それが「派遣」愛好社会の宿命だ。「所得倍増」の〝つけ〟なのである。

九

南米（エクアドル）や北米（合衆国）で痛感した。今さら、言うも愚かだけれど、これらの「世界」には、「社会的落差」として「人種的落差」が〝沁みついて〟いる。「骨がらみ」と言っていい。一人の黒人大統領の出現で「解決」したり、「消滅」したりするレベルではない。当然のことだ。彼に「拍手」を送ることと、右の基本認識とは、何等矛盾しない。それをよく知る人、それは他でもない。苦闘中の彼その人であろう。

そのような「格差社会」の実態と、〝対応〟する制度、それが「正規社員」と「派遣」だ。もちろん、この制度自身は決して「人種差別」を〝建て前〟としていないけれど、アメリカ大陸でこの制度が「発生」した、あるいは「成長」したことには、深い道理がある。社会的背景があるのだ。わたしはそう思う。

この「制度」を日本列島が〝受け売り〟すること、それに対してわたしはハッキリと「否（ノウ）」と言いたい。言わねばならないのである。

十

最後の段階に入ろう。

人類の「現代の教育」には、大きな欠陥がある。国家や宗教などの大組織が構築した「教育」の〝あり方〟には、重大な欠陥が存在するのである。

それは、国家や宗教や学会が決めた〝わく組み〟を、教育の「名」において〝押しつける〟ことだ。カトリック教会が「地動説」ならぬ「天動説」を永年にわたって〝押しつけてきた〟こと、前代のローマ教皇の誠実な〝告白〟によって明瞭である。アメリカの考古学界が、〝アジアから「新世界」への従来ルート〟に対して「ベーリング海峡通過説」を〝固守〟し「海上伝来説」、たとえば縄文文明等の中の、日本列島からの伝来に対し、かたくなに〝しぶりつづけ〟ていることも、その一例であろう。そのような「停滞」は、人類史の発展、すなわち人類の発展、すなわち人類の「自己認識」に対して〝大きなゆがみ〟と〝大停滞〟をもたらしつづけているのである。

たとえばまた、アメリカの広島・長崎への原爆投下、これによって数十万人のアメリカの将兵、さらに日本側の人命も〝救われた〟と称する。――〝迷信〟だ。

なぜなら、日本列島に対する「完全な制空権」をすでにもっていたアメリカ空軍は、東海道本線や山陽本線、また長崎線への「空爆」によって容易に「日本側の（呼称していた）本土決戦」など、〝夢まぼろし〟の「空理空論」へと〝化し〟えたのである。

それだけではない。「石油産出能力なき日本」が、結局「停戦」と「降伏」へと至らざるをえぬこと、「アメリカ側の目」では、最初から、すなわち「開戦前から」疑いようもなく自明のことだったのである。

この明白な事実を無視し、「原爆投下、有用説」を多くのアメリカ国民は〝覚えこまされた〟のが、現代だ。国家による「教育の力」なのである。

十一

さらに考えてみよう。

いわゆる「太平洋戦争」に関して、日本側の「ワシントンD・C攻略への公的予定表（プラン）」があったか。――ない。あれば、敗戦後、占領当局は〝喜んで〟東条たちの「野心」をPRしたことであろう。しかし〝真面目な話〟としては、そんなものは皆目なかったのである。

一方、アメリカ側は広島への原爆投下以前に空から精密な写真を撮った。一軒一軒、一部屋、一部屋の〝あり方〟を「キャッチ」していた（『東京古田会ニュース』二〇〇九年九月、第一二八号参照）。

戦後の「教育」では、戦争の「加害者」は日本、「被害者」はアメリカとなっている。

「まぬけな加害者と、用意周到な被害者。」

事実としての「歴史」にそんな現象が存在するのだろうか。無理な話だ。ことは「小説」などではなく、「歴史学」の歴史認識なのであるから。

十二

古代に対する歴史認識、すなわち古代史の場合も、変らない。否、それ以上だ。たとえば、

第一、「日出ず（づ）る処の天子」を称したのは、「多利思北孤（タリシホコ）」という男性だ。「雞弥（キミ）」という奥さんのあったこと、明記されている（隋書俀《たい》国伝）。

しかるに、近畿天皇家の方は「女性」だ。推古天皇である。完全に〝矛盾〟している。

「聖徳太子と〝まちがえた〟のだろう。」

他でもない、「天子」を〝名乗っている〟相手を〝まちがえる〟ものだろうか。

「女性だと〝馬鹿にされる〟と思って、日本側が相手（隋の使者）を〝だました〟のだろう。」

一国の使者がそんなに〝トンマ〟なのだろうか。信じられない。

第一、このような「弁舌」で、子供（生徒）が〝満足〟するだろうか。国家の「教育の場」学校の中で。

「りくつを言うな。覚えろ。」

大学受験にせよ、高校受験にせよ、「きめられた通り、覚える」こと、すなわち「記憶ロボット」の能力しか、未来の日本国民には〝要求〟されてはいないのである。

十三

この七世紀前半、日本列島には「神籠石《こうごいし》」と呼ばれる古代山城群が建造されていた。岩石を〝長方形〟に整形し、それを下石としての柵壁で構築されたものだ（完成形は「二重」）。東は、山口県東端の石城山《いわきやま》、西は、佐賀県西端のおつぼ山、南は、福岡県南端の女山《ぞやま》（筑後山門）、北は、無論、玄界灘だ。

これらの古代山城群に囲まれた〝中枢部〟、それは太宰府と筑後川流域だ。この領域を〝取り巻いて〟いるのが、これらの「神籠石山城群」だ。決して「大和」を取り巻いているのではない。推古天皇や聖徳太子の本拠「飛鳥《あすか》」を〝取り巻いて〟などいない。分布図を見れば、明白だ（「神籠石の証明――古代山城論」〔第一巻『俾弥呼の真実』第三篇所収〕参照）。

しかし、現代の子供たち（生徒）はすべて、これらの「古代山城群」に対して「大和王朝がお造りになったもの」として、〝教え〟られているのである（或いは「削除」）。何しろ、あの「日出ず（づ）る処の天子」と「同時代」なのであるから。ここでも、「考えるな。覚えろ。試験に〝通り〟たいなら。そして、いい点を取るためには。」

これが現在の、国家による、公的な「教育」なのである。

十四

「七〇一」年。出色の大変革があった。七世紀後半の「評」という行政制度が〝消滅〟し、新しい「郡」という行政制度への一大転換が行われたのだ。この点、今は学界周知の歴史事実である（坂本太郎・井上光貞論争の結果による）。

しかし、ここに「最大の不審《ふしん》」がある。

「評制の終結と、新しい郡制の開始を告げる、天皇（文武天皇）の詔勅がないのだ。」

日本書紀にも、続日本紀にも「皆無」なのである（古事記は、六世紀前半まで、の記事で終っている）。

――なぜか。

その回答は「不明」。この二文字しかないのだ。津田左右吉の本にも、井上光貞の学術論文にも、一切「ナシ」だ。現在御存命中の専門家、直木孝次郎・田中卓・上田正昭といった方々の本にも、無い。もちろん、最近の小林よしのりのベストセラー『天皇論』などにも、無い。専門家と漫画家の〝いかん〟を問わず、全く無いのである。ここでも、

「考えるな。覚えろ。」

の一言ですまされているのであろうか。信じられない。

明治維新以降、国家が〝流布〟してきた歴史、国家の〝都合〟による「日本の歴史」、そのいつわらぬ実態がこれなのである。

十五

本稿で、わたしの言いたいことは、何か。

「背伸びはすまい。身の丈《たけ》に合った生活と成長をしよう。」

そして、

「国家の〝都合〟でねじ曲げられた歴史を排し、真実の歴史に帰ろう。」

幸いに（あるいは、不幸にも）、日本のみでなく、人類は各国家や各宗教や各学会という「組織」を背景とした「教育」のさ中にある。

これに対し、人間の「考える力」を根源とする「教育」、その新時代の扉が開く前夜、その夜の中に、今わたしたちはいるのだ。やがて「闇《やみ》」が去り、「覚えさせられる」教育ではなく、「自分が考えはじめる」教育の時代、その輝く新時代の入口に、今わたしたちはいる。今回提唱した、再出発点としての「三分の二」問題など、いわばその「露はらい」にすぎない。

思えば、「国家」や「宗教」や「学会」が人間を造ったのではない。人間が自分のために、人間の歴史の一環として、「国家」や「宗教」や「学会」などの「組織」を造ったこと、疑いようもない。

日本の「歴史認識」問題も、そのような人類史の「変化」の一つ、重要な一兆候なのである。本当の「変化」は、これからはじめて始まるのだ。わたしはそれを深く信じている。

二〇一〇年二月二十日　稿了

（「閑中月記」第六四回、『東京古田会ニュース』第一三一号）

歴史への提言

一

『文藝春秋』二月特別号において中西輝政《てるまさ》氏による一稿「小沢一郎『天皇観』の異様」を読んだ。一種、異様な読後感が残された。それは中西氏の言われる「異様」とは逆方向の感懐だった。氏が「日本国民」を代表するかのように自説をのべておられるのが、同じ日本国民の一人であるわたしにとっては全く逆に「否（ノウ）」のイメージを与えたのである。これはなぜか。平常、氏の論説に対して肯定、あるいは快哉の念をもって接してきた者として、ここには「捨てておけない」重大事がひそんでいるのではないか。そのように感じ、この一筆をとらせていただいた。

二

国民にとって今回の問題の発端は、昨年の十二月十一日、宮内庁の羽毛田《はけた》信吾長官の発言だった。中国の習近平国家副主席と天皇陛下との会見の問題である。天皇と外国の使節との会見には「一ヵ月ルール」があり、それ以後の申し入れは拒《こと》わるのが通例だった。それを度重なる鳩山総理大臣側からの要請によって〝破られた〟ため、それに対する懸念を羽毛田氏が表明したのである。

　わたしはこの記事を見て、二つの「？」をもった。

　一つは、もしそのルールが〝重大なもの〟と羽毛田氏に認識されていたのなら、「宮内庁長官」としてこれを拒否すればいい。これに対して総理大臣が怒って彼を罷免するなら、させればいい。彼はその日から〝食に窮する〟わけではないであろうから、硬骨の官僚として後代に残る名声を得るだろう。少なくとも、現代の多くの日本国民の目にはそのように映るだろう。窮するのは、総理大臣の方であり、〝無理〟な注文を押しつけた中国側に他ならない。もちろん「良き先例」となりうるはずもない。

　あるいは、総理大臣と宮内庁長官との「上下関係」から、これを受け入れざるをえないとしたら、〝黙って〟受け入れた上で、退任後の回顧録で、遺憾なくこれに筆誅を加えればいい。気のすむまで。ことはそれだけのことだ。それがことのすじではないだろうか。

　この点、小沢一郎の「やめてから言うべきだ。」との批判は、一見〝乱暴〟な語り口だけれども、ことのすじ道としては何等まちがってはいない。正当なのである。

三

　わたしには思い出す「親友」がいる。彼は昭和天皇の侍従としてその生涯を全うした。卜部《うらべ》亮吾《りょうご》、旧制広島高等学校時代の同級生だ（昭和二十年文乙卒）〔第二巻『史料批判のまなざし』第三篇「卜部日記」も参照〕。彼は二浪、わたしは四修だったから、年齢は開いていたけれど、同級生。彼の親友の正木宏とわたしは莫逆の友だった。

卜部君は自治省時代の〝荒れた〟生活から立ち直った。昭和天皇の侍従として「引き抜かれた」あとのこと。終生、天皇には敬愛の念を失わなかった。彼の日記はすべて朝日新聞社から公刊されている。

彼は日本古代史上、重大な貢献をもたらしてくれた。それは「法華義疏」の閲覧と顕微鏡撮影の許可問題だ。これが坂本太郎（東大教授）さんの、公正な、そしてさわやかな御推薦の書状（当時の宮内庁長官あて）によったこと、すでに記した（「法華義疏の史料批判――その史料科学的研究」『古代は沈黙せず』駸々堂出版、一九八八年刊）。自説（「法華義疏」を聖徳太子真撰とする公的立場）を真正面から否定する、わたしに対し、無上の推薦状をしたためてくださったのである。

しかし、そのさい当の坂本さんも「これは時間がかかると思いますよ。」と言われ、その書状をお渡ししたときの宮内庁の方も、同じ判断をしめされた。しかし、事実はその一週間足らずあと、連絡があり、京都の御所における「天皇家所蔵」の当本を一日中拝観し、顕微鏡写真撮影が（中村卓造助教授と共に）許された。この「快挙」に対し、卜部侍従の〝心やり〟の存在したことを、わたしは一瞬も疑ったことは無い。しかしそれを彼は一切語らず、公表された日記にも現われていない。

現在も、世上の「聖徳太子研究の専門家」の面々は、この顕微鏡写真における明白な「切り取り」の事実を〝無視〟しつづけている。だが、それは彼等の「都合」に過ぎない。卜部君の「沈黙の配慮」は、結局日本の古代史を大きく〝変える〟力となろう。

わたしは（「教え子」に当る年齢の）羽毛田氏に対し、失礼ながら先輩の「すじの立て方」と「心」を記させていただいた。

四

もう一つの「？」についてのべよう。羽毛田氏の言われる「一ヵ月ルール」なるものの問題だ。わたしは高校教師時代、半分は社会科、半分は国語の教師として二十余年間すごした。大学（昭和薬科大学）では歴史学・文化史の教授だった。だが、その間、一回もこの「一ヵ月ルール」なるものを教えたことがない。教科書にも、なかった。その証拠に、中西氏の教えられる京都大学の入試問題に出たことがあったか。見たことがない。入試問題とは、ただ「合否決定のための道具」ではない。中・高校の社会科教育を咀嚼しているかどうかの〝判断材料〟なのだから、そこに入っていない、とすれば、すなわち日本国民の「常識」とはされていない。そういうことではないだろうか。

中西氏は「国事行為」と「公的行為」の区別を論じ、習副首席と天皇の会見は、「国事行為」ではなく、「公的行為」であるとし、

「小沢氏が、この程度の憲法知識しか持ち合わせていないことは、まことに意外だった。」

と批判される。しかしこの批判も、問題だ。

なぜなら、憲法七条の「外国の大使及び公使の接受」を「国事行為」とし、他に「公的行為」について特記しないのは、この「公的行為」もまた「国事行為」に準ずる、という立場に他ならないからである。

そうではなくて、「公的行為」のケースは、「内閣の助言と承認」の〝及びえぬ〟領域にある、と解するとすれば、この領域は「憲法外の特殊領域」となろう。すなわち、日本国憲法の「国民主権」の大方

針からの逸脱である。

かつて明治憲法には、表面の「多数決による政治」の外に、いわゆる「天皇の統帥権」が存在し、この「干犯」問題が昭和十年代の「軍国主義横行」の導火線となったこと、今はあまりにも著名である。中西氏は、その轍《てつ》を再び用意しようとされるのであろうか。

その点、小沢一郎の判断の方が、平凡だが、常識的だ。私には（小沢氏に左袒《さたん》すべき理由など毛頭存在しないけれど）、そう思われるのである。

五

以上は形式論だ。次は実質論に入ろう。

先ず、「一ヵ月ルール」のデータだ。昨年の十二月十二日以来、各紙とも第一面で、あるいはくりかえし、このテーマを扱ったけれども、肝心の実施状況の情報が乏しい。明治維新以降、また敗戦以後、それらの実態のすべては容易に表示できるはずだ。精細な選挙投票人数の掲示などに比すれば、大・中・小国のすべて、その使節の会見回数等、容易に掲載できよう。それらの記録が「失われている」はずもない。宮内庁長官が国民の眼前でそれを訴えているのであるから、ジャーナリズムやメディアは各自が論議や論難する前に、国民の前に、冷静に詳細にそれを表示すべきであろう。それがない。あるいは乏しいのが不審だ。

わたしたち国民の目にふれるのは、天皇や皇族が国外に行かれたときの記事である。それらが地球上の大・中・小各国平等に訪問されているのか、否か。それは決してつぶさではないけれど、むしろ西欧諸国に多く、近隣の中国や韓国には少ない。そういう印象をもっているのだが、あやまりだろうか。これもメディアが実例を精細に表示すれば、直ちに判明することだ。

これは逆に、近隣の中国や韓国の場合、相手国側に日本の天皇に対する、独自の「思い入れ」があるため、それらの少ない西欧諸国に比べて、よほどの「根回し」なしには、訪問しにくい。そういう事情があるのではなかろうか。事実、西欧諸国でも、オランダなどの場合、日本側の訪問に対し、「罵詈《ばり》批判」の多かったこと、当地の知友からつぶさに聞いたけれど、日本のメディアはほとんどその実態を報じなかった。その知友が当時の日本の新聞等を精細に吟味し、「歎き」としていたところだ。それに対する判断のいかんの前に、「事実」を伝えぬとしたら、ジャーナリズムの本来の責務の欠落、と言ったら、言いすぎであろうか。

六

本題に入ろう。

忘れられぬ思い出がある。昭和十年代後半、小学六年の頃である。昼休みに用務員室（当時「小使室」）に集った。戦争から帰ってきたばかりの若い用務員さんから話を聞くためだった。

「村へ入るとのう、女がおらんのじゃ。じゃが、わしらあ、知っとる。納屋や床下から引っ張り出してきて庭に並ばせる。そして『服を脱げ』それから『股《また》を開け』言うちゃるんじゃ。聞かんやつは〝こわい（気の強い）〟女じゃ。そういうやつは八路《はちろ》（中国共産党軍）になる。じゃけん銃剣でズブリ、へそから背中まで刺し通して殺すんじゃ。じゃが、わしらは罪にはならん。上官の命《めい》は陛下の命と心得《え》よ、と言われてやっとるんじゃからのう。天皇陛下の仰せなんじゃ。戦争は面白いけんのう。」（本件前に書いたことと重複することを許されたい〔第二巻『史料批判のまなざし』第三篇「火中の栗」「日本道」参照〕）

わたしたちは毎朝、朝礼で校長先生から聞かされていた。「わが皇軍は、支那（中国）の民衆に対して誰かれの差別なく、温かく接していますから、絶大な信頼をえておるのであります。」

どちらが本当か。みんな、判っていたのである。

昨年の十二月十日、神戸の学生青年センターの集会（「南京大虐殺・幸存者の証言を聞く会」）に行き、八十四歳の楊翠英《ようすいえい》さんの証言を聞いた。現在のわたしとほぼ同年だ。彼女の父母と兄弟を日本兵に殺されたこと、昨日のように語っておられた。生き証人だ。

この人々が今回の「国の大小を問わず、天皇陛下は、云々」のニュースを聞いたとき、どう思うか。中西氏のような「京大教授の目線」は決して中国民衆の目線とは、同一ではないのではあるまいか。「中国の庶民がどう思おうと、関係がない。わが宮内庁のルールだから。」と称するなら、戦時中の「唯我独尊の道」へと限りなく近接してゆくのではあるまいか。アジアの常識からは、ずれているのである。

七

念のために言っておこう。

わたしは「南京大虐殺論」には反対だ。先日の楊翠英さんの述懐をお聞きして、一段とそう思った。そこで語られていたのは、南京だけの話ではない。わたしが聞いたように「北支（中国北部）」でも、日常行われていた光景なのである（もちろん、そのような行為を行わない部隊、日本軍も存在した）。いわばをごっちゃにしてはならない」のである。

「中国大虐殺」だ。それを「南京」に特化して〝宣伝〟されているのは、他でもない。いわゆる「極東裁判」という、事後法にもとづく戦勝者側による不法裁判を、〝無理矢理〟合法化するために、裁判の途中から「案出」されたテーマだ。毛沢東も蔣介石も、その五字を語ったことはない。「ミソとクソとをごっちゃにしてはならない」のである。

八

大切なことがある。

中国側の、いわゆる「歴史認識」の〝非〟だ。わが国の歴史の中で、外国（中国）からの侵略をうけた史実がある。隋書流求国伝。「日出ず（づ）る処の天子、云々」で有名な、俀《たい》国伝の直前だ。隋の煬《よう》帝《だい》が大軍を派遣し、国主や住民を殺し、多大の民衆を捕虜として連れ去ったこと、明記されている。しかし、中国の教科書には、この史実は一切書かれていない。

それ以上に、残虐な歴史事実がある。いわゆる元寇《げんこう》のとき、中国軍は対馬を襲い、抵抗した日本の男たちを捕獲し、その掌に穴をあけ、くさりを通して海岸を連行した。女たちは高い岩陰から、父や夫が引き立てられ、虐殺されるのを見た。その歎きは現在も、民謡の中に生き生きと歌われている。語り伝えられているのだ。庶民の中に伝承された「歴史認識」である。だが、元史ではこれをただ再度の「日本征伐」と記すだけ。現在の中国の歴史教科書にも、この残虐の「歴史認識」を記することがない。そのさいの（元史にいう）「南軍」とは、モンゴルに非ず、南宋側の中国軍だ。一村の村民、すべて「朝鮮人によって虐殺された」旨の伝承もまた、残されている。

民族や国のいかんを問わず、一方が他国を不法に侵略するとき、残虐であるまいとしても、およそ不可能だ。これが歴史認識の本質である。

九

筆を転じよう。

中西氏は沖縄の軍事基地問題を論ずる。十二月十五日の、鳩山首相による「無期限先送り」の決定によって、

「後世の歴史家は、この日を『日米同盟が事実上、終わりを迎えた日』として特筆することになるだろう。」

と、極言されたのである。本当だろうか。鳩山首相はこれを「無期限先送り」ではなく「今年五月まで」としたようであるけれど、これは中西氏の「執筆時点」における、一種の〝誤認〟であるかもしれぬ。それはそれとして、この問題の本質を突きつめてみよう。

「沖縄」を軍事基地に選んだのは、アメリカ側だ。決して昭和天皇や東条首相など、日本側との「合意」によるものではないこと、言うも愚かである。では、アメリカ側が、極東のこの一点をみずからの「軍事基地」として〝着目〟したのは、いつか。それは「黒船来航以前」、すなわち二百年前の頃からだ。わたしはそう考える。

なぜなら、ときすでに西欧諸国はアジア各地を侵略し、支配下においてきた。アヘン戦争以来、中国もまた、その「征圧下」にあった。そのとき、アメリカ合衆国はようやく北米西海岸を征圧し、太平洋

の彼方、アジアに目を向けた。西欧の「後発国」である。

そして「黒船」は来航した。江戸時代末だ。「水をもとめる」ため、とか「白旗を持参していたか否か」とか、いずれも「ホント」だ。だが、真実ではないのである。彼等の大目的が「極東における、確かな軍事基地」の確立にあったこと、歴史を通観すれば、およそ疑うこと、困難なのではあるまいか。

十

その大目的を達したのが、沖縄である。この定点を得ることで、ようやく二百年の大目的に到達することができたのである。

これは決してアメリカを「悪者」とする史観などではない。なぜなら、人類の歴史において大国はいつも大局的な戦略に立って己が方策とイメージを確立してきた。常道である。逆に、江戸幕府こそ「三百年の泰平」に酔うて黒船来航に対する〝備え〟を怠ってきたこと、客観的に歴史のさししめすところではあるまいか。

怠ってきたのは、江戸幕府だけではない。明治維新以降の新権力もまた「天皇家中心」主義の史観と国家体制によって、黒船来航の真義、その「流れの本質」をとらえ、これを深く防ぎえていたかどうか。今は明らかとなった。「否（ノウ）」の一語である。

右の歴史考察からは、いわゆる「太平洋戦争」なるものの本質もまた、鮮明である。いずれが「加害者」であり、いずれが「被害者」であるか、察すること、何等困難ではない。

有名な「ハル・ノート」一つ熟読してみても、いずれが「開戦」させたかったか。この一事は明白だ。

当時の日本の当事者は文章を読み抜く力をもたず、老練な政略にもたけていなかった。ために結局、相手の真に望むところに従ったのである。

十一

当然、戦勝者はその「真実」を隠した。それを「正面」から論じられることを好まなかった。逆に、「日本の統治者、悪者説」をもって、全日本国民を「洗脳」させようとした。そのために「学界」や「教育界」を〝支配〟してきた。それが戦後六十年間の大局なのである。

反面、第一次大戦のさいの「対独、窮迫主義」がナチスの勃興をまねいたのに懲《こ》り「経済的宥和《ゆうわ》」をもって日本の経済を〝うるおわせ〟たため、戦後の日本の繁栄をまねいた。軍事上は日本列島を完全に征圧する、その代償であった。

アメリカ側は周到である。完膚なきまでの東京大空襲にもかかわらず、皇居は一回も爆撃しなかった。一方で軍事基地としての沖縄を確保し、他方で年に一回は沖縄を訪問し、その「御苦労をねぎらう」ような、天皇の存在もまた必要としたからである。

事態を解することを望もうと望むまいと、それが歴史のしめす真実だ。

十二

わたしは提案する。皇居をアメリカ空軍の「原点」として明けわたし、旧居（京都御所）に帰り、上野に仮御所（東京御所）を作り、「アメリカ支配」の実態を〝公然化〟すべし、と。たとえアメリカ側が「免責」しようと、天皇家側のみずからとるべき、最低限の「敗戦の責任」である。それなしでは、ついに志ある日本国民、そして沖縄県民の「心」を得ることはむずかしい。

十三

残された一事がある。

中西氏は「アメリカか中国か」この問いを原点とされる。アメリカ依存に非ずんば、中国依存だとするのである。それは中西氏の主観だ。

客観的には、米中ともに、国連の常任理事国であり、日本は「敵対国条項」の現存する国家である。「米中いずれか」とは、しょせん「理事国内の、どの派につくか」の問題にすぎない。

アメリカも中国も、いまだに決して「日本の実力」を忘れてはいない。だからこそアメリカは戦後六十年たっても、「独立国」という名の「占領支配」の実をうしなおうとしないのである。「グアム移転」などは、飛行距離の拡大という、技術上の変化の一表現にすぎないであろう。「日本支配」の実を〝撤回〟したわけでは、全くない。自明のことだ。

一方の中国。近年における軍事力の飛躍的拡大について、懸念する人々がある。しかし、わたしは「否（ノウ）」だ。なぜなら、かつてソ連末期、ウラジオストクの学会で聞いた。「現今の軍事力拡大は、ソ連邦の経済を破壊する。」と。親ソ派の日本の学者からの切々たる忠告だった。しかしソ連当局は聞く耳をもたず、崩壊した。「殷鑑遠からず。」のたとえと同じ。現代の中国が同じ道を歩むか否か。それは当の国の統治者たちの力量と品格の問題だ。わたしの関知するところではない。
敗戦のとき、聞いた。「万世のために太平を開かんと欲す」と。青年以来六十余年、この一言を一刻もわすれたことはないのである。

終記

右は『文藝春秋』掲載の中西輝政論文に対する批判の一文である。同誌掲載なく、当「学問論」の一環として紹介する。

二〇一〇年一月十八日　稿了

(「学問論」第一九回、『東京古田会ニュース』第一三一号)

自殺論

一

いたましいことだ。わが国では例年、三万人を超える自殺者がいるという。すでに十二年間の連続とされている。——なぜか。

もちろん、すぐ考えられること、それは経済的事情だ。年間でも、三月に多いということも、それを〝裏づけ〟ているかに見える。しかし、もう一歩、考えをすすめてみると、「?」だ。果してわが国は諸国家の中で〝飛び抜けて〟経済事情が〝悪かった〟のだろうか。信じられない。経済的には先進国の一つなのだ。

すなわち「経済的条件」だけからでは、右のような「自殺、突出現象」を説明することはむずかしい。そのこともまた、〝疑いえぬ〟事実なのである。では、なぜか。

二

バイブルに有名な言葉がある。

「答へて言ひ給ふ、人の生くるはパンのみに由《よ》るにあらず、神の口より出づる凡《すべ》ての言《ことば》に由る、と録《しる》されたり」（マタイ伝福音書、第四・四）

「パン」とは、食料。経済的条件をズバリ言い現わした一語だ。だが、人間とはそのような〝物質的背景〟だけで「満足」できる存在ではない。——イエスはそう言いたかったのである。

もちろん、ここでイエスが〝指ししめそう〟としたものは、「神への信仰」だ。いいかえれば、「心」が満たされているか否か。そのテーマを直指しているのである。

当然のことながら、「自殺」もただ「金」の問題だけではない。よりすぐれて「心」の問題だ。人間の精神の深層、その病理にかかわるテーマなのである。

三

すぐれた本を読んだ。否、〝読みつつ〟ある、と言った方が正確だ。木村敏《びん》氏の『精神医学から臨床哲学へ』である。今年（二〇一〇）の四月、「シリーズ『自伝』」（my life my world）の第一陣としてミネルヴァ書房から創刊されたばかりである。木村氏は京都大学名誉教授、一九三一年の生れ。旧制の三高（第三高等学校）から新制移行の後、京都大学の医学部へ進まれた。ちょうど、わたしが松本深志高校

（旧制松本中学）の教師になって、最初に教えた学年である。

氏は和歌山県の出身だが、岐阜で少年時代を過された。アルプス連峯の乗鞍岳登頂の話は印象的だ。逆に、松本側の浅間温泉の一角から朝夕をこの山を眼前にしつつ過した、青春の思い出をもつわたしにはなつかしい。

氏は精神科医となり、精神病理学の専門家だが、その文章の基本は平明、そして明快である。

四

冒頭で、わたしの目を〝引きつけた〟一節があった。子供時代、氏を可愛がってくれた、「祖父の自殺」の〝思い出〟である。いささか長文だが、そのまま引用させていただくこととしよう。

「この祖父は悲劇的な最期を遂げた。私が何年生のときだったかはっきり思い出せないのだが、祖母が病気で亡くなって、その葬式で和歌山へ行っていたときのことだったのだろう。新和歌浦の家にはたくさんの親戚が泊まりこんでいた。夜中にふと目覚めると、祖父が大きな懐中電灯で寝ているみんなを一人ひとり照らして顔を見ている様子だったが、やがて部屋を出ていった。私はそのまままた眠ってしまったが、しばらくして大騒ぎになって起こされた。祖父が自分の漁船で沖へ出て、からだに碇を巻きつけて入水自殺をしてしまったのである。祖母に先立たれた悲しみから鬱状態になっていたのだろうが、小学生の私にそんなことが分かるはずもない。しかし、いまになって精神病理学的に考えると、祖父はどうみても典型的な『メランコリー親和型』の性格だったと思う。几帳面で律儀で人につくしたがるというこの性格を、母方の血筋の人はみんなもっている。やはり母方の、私と同い年の従兄弟が一人、ずっと後のことだが鬱病になって自殺している。私自身にもメランコリー親和的な性格があるとすれば、それは母方から来ているはずである。」（八ページ）

敗戦前と敗戦後にかけて、身内に二人の自殺者がいたことを率直に記し、自分の「精神病理学」という専門の立場から冷静に「診断」を下している。貴重である。

では、この十二年間「三万人以上」という「自殺者」の記録は、日本国民全体が「メランコリー親和的」な〝気質〟をもつ。そのためなのであろうか。

五

確かに、日本人は「几帳面で律儀で人につくしたがる」傾向をもっている。そのように言えなくもない。

しかし、それがもし本当の「原因」、ことの真相をしめしているとしたら、この日本列島は、旧石器・縄文時代から近くは戦時中、そして二十一世紀まで、一貫して「自殺列島」だったこととなろう。本当か。そのような「断定」をする人があるとすれば、わたしはやはり「?」を感ずる。なぜなら、右のような木村氏の〝貴重な事例〟の証言にもかかわらず、敗戦前の日本で、（記録はないようであるが）年間「三万人以上」の「自殺者」がつづいていたようには思えない。現在のように、メディアがそれを「報道しなかった」としても、やはりそのような「傾向」を感じることが、わたしにはできないのである。もちろん、軍隊内の「いじめ」のため、便所の中で「首吊り自殺」していた、しかし「英霊」として故郷には報告された兵士がいた。そのような〝うわさ〟は耳にしたことがあるけれど、それらが「大量」に存在したかどうか。わたしには、不明である。

古典など、古事記・日本書紀の史料においても、そのような自殺に関する「万世一系」の伝統が日本の歴史に存在した。そのように〝信じる〟ことができない。困難なのである。

では、なぜ、特に現代、これほど「大量の自殺者の時代」がこの日本列島に出現しつづけているのであろうか。「問い」はふたたび、この「?」へと立ち返ってくるのである。

六

飯田進氏の著作『魂鎮《たましずめ》への道』（岩波現代文庫）は「BC級戦犯が問い続ける戦争」という副題をもっている。

その第二部は「戦争犯罪と戦犯裁判」と題され、「4　連合軍の犯罪」「5　日本軍の犯罪」の二筋に分れている。前者（4）には、次のような引用文が掲載されている。

「低空飛行の戦闘機が、生き残りのジャップで一杯の救命ボートを血の海に変えた。ジャップに浴びせられたこの残忍さは、かつて彼らがしばしば示したものである。今回の攻撃の結果、岸にたどり着くことができたジャップはほとんどゼロに近かった。」（一三三〜三四ページ。『タイム』掲載。ジャップは日本人の蔑称）

「ある機関銃分隊は、急造のちいさなパイプをもって歩き回っていたが、それは日本兵の死体の口に彼らの尿を流し込むのに使われた。」（一三八〜三九ページ、ジョージ・ファイファー『天王山』からの引文）

「金歯が死体だけでなく、生きている重傷の日本人からも抜かれるようになると、戦利品狩りはサデイズムと一体になった。ある者は地上に横になっている時に、突き刺されたり、銃剣で刺されたり、射殺されたりした。」（一三八ページ、同右）

「強姦は残虐行為の資格充分であり、多くの事例があった。民間の婦人を犯すことは、多くの部隊は認めなかったが、もっとも頻繁に起こる犯罪にふくまれていた。」（同右）

「（右につづき）全部で、おそらくは数千件の事件があったと思われるが、被害者の沈黙が、作戦のもう一つの醜い秘密を守らせた。」（同右）

著者の飯田氏は右のような引用文を幾多掲載したあと、次のように書いている。

「以上、ここに紹介した『人種偏見』と『天王山』（共に、書名。古田注）の二冊の本の著者は、自虐的な観点から執筆したものではありません。きわめて公平、かつ事実に即して、戦争の無残さと虚しさを叙述しているのです。正直のところ、このような作家がアメリカ人のなかにいることに、ともすれば陥りがちなニヒリズムから、いくらか救われる思いがします。人類には、まだ未来が残されているのかもしれないと。」（一四〇ページ）

この通りだ。それは当の著者、飯田氏にも通ずる「良心」の表現であろう。しかし、真の問題は、その次の局面である。

「右のような、アメリカ側の『戦争犯罪者』は一切処刑されなかった。なぜなら、いわゆる『極東裁判』には〝報告〟されず、たとえ〝報告〟されても、裁判を統轄《とうかつ》する裁判長（オーストラリア、ウエッブ氏）によって、直ちに却下された。その『ため』である。」（要約）

そして、日本側の場合、全く逆だった。

「戦時中の指導者は（天皇等を除き）、死刑を含む重刑に処せられた。いわゆるA級戦犯である。二十

八名。死刑七名。」（四ページ）

「（この著者、飯田氏をふくむ）BC級戦犯は、アジア各地で行われた五〇ヶ所の臨時軍事法廷で、約一千名の旧軍人・軍属が死刑に処せられ、およそ四千名近い者が有罪の宣告を受けた。」（同右、要旨）

一方は、良心的な作家が「書いた」ものであり、他方は、戦勝国側の権力によって、「死刑」や「禁錮《きんこ》」が実行されたものだ。同日の談ではない。比すべくもない事実なのである。

そして敗戦後の、日本の「公教育」は、右の「A級裁判」と「BC級裁判」を既成事実とし、「正義の立場」とすることを基盤としていた。現在の日本国民のすべては、自分の家族や友人の家族や遠い親戚を辿れば、必ず右のいずれかの「被刑者」に〝辿り着く〟のではあるまいか。すなわち、日本国民全体が「犯罪者たちの子々孫々」なのである。

このような「公教育」の中で、真面目《まじめ》な日本人は、真面目であればあるほど、「日本人に対する誇り」を失わさせられた。

木村敏氏の「診断」されたように、「几帳面で律儀で人につくしたがる」人々、つまり善良な日本人ほど（一歩あやまれば）日本の国家と日本の社会に対して絶望した、〝自分のいる社会に愛着をもたない〟人々となった。自分一個人の「行きづまり」は、すなわちこの〝誇りえぬ国家〟そして〝愛しえぬ社会〟からの「離脱」、すなわち「自殺への大道」が鋭く開かれている。これが現在の日本なのである。

七

昨日までの日本は違った。西欧の先進国の下の植民地群、それがアジアだった。アフリカ等々だったのだ。その中の「独立国」それが日本だった。それが誇りだった。日本国民は、日本の青年たちはそのように〝信じ〟ていた。〝信じよう〟としていたのである。

それが〝裏切られ〟た。「大東亜共栄圏」などというスローガンと真反対の、アジア蔑視、中国人蔑視行為、そして韓国・朝鮮人への侮辱を「恥」としなかった。それが歴史の実態だったのである。

「敗戦」は、その事実に光を当てた。当てただけではない。権力は日本列島の津々浦々に「A級・BC級の戦犯」を求め、処刑した。死刑の対象としたのである。

日本国民は、誰一人その「係累」をまぬかれえない。それが、「敗戦」後の六十数年の日本だったのである。「パン」だけではない。「心」が奪われたのだ。

これが巨視的に見た、大局の「目」から見すえた日本の現代である。より精細な諸論点については、機を改めてこれを論ずることとしたい。

二〇一〇年四月二十日　筆了

（「学問論」第二〇回、『東京古田会ニュース』第一三二号）

冤罪論

一

人間が人間を裁《さば》くことは、できない。不可能なのである。

なぜなら、当人（X〈エックス〉）に対してAはAの視点から見る。BはBの視点から見る。そしてCは、以下同じだ。それらの判断は、十の主観か、千の主観か、いくら重ね合わせても、「客観」や「絶対」とはちがう。それには到達できないのである。決して。無理なのである。

しかし、人間世界で「裁判」は行われている。「司法」が存在する。なぜか。

生じたトラブル、一個の事件に対して、とりあえず、「多数派による決着」をもたらす。そのためだ。談合なのである。通例「談合」という言葉は〝ルールを無視した〟ケースに用いられている。それが慣用だ。だが、よく考えてみれば「多数決」によってえられるのは「公認された談合」以外の、何物でもない。それがポイント、ことの本質なのである。

わたしは何を言いたいのか。「裁判」であれ、「司法」であれ、〝絶対の真実〟が獲得できるわけでは

ない。すなわち、

「裁判や司法は、冤罪の母胎である。」

この一言だ。

二

最近、相次いで「冤罪事件」が報ぜられている。いわゆる足利事件など、その最《さい》たるものだ。

わたしにとって、印象的な事件、それは名倉《なくら》正博さんのこうむった冤罪だった。ことは二〇〇六年四月十八日、東京都の電車（小田急）の中で起きた。隣にいた、若い女性からセクシャル・ハラスメントを名指しされたのである。思いもかけぬ、全くの無実だった。

しかし、ことは〝合法的〟に進行した。現在の「司法」と「裁判」によって、地裁・高裁とも、皆「有罪」。防衛医科大学教授の職も〝奪われ〟た（休職）。

ところが、二〇〇九年四月十四日、逆転が起きた。最高裁の「自判」によって、突如「無罪」となったのである。新聞や雑誌のメディアに報ぜられたから、記憶している方もあろう。わたしは、その記事を見たとき、〝思い当っ〟た。日本思想史学会の一員の方であった（当時）。お住まいも、東京都町田市、わたしの勤めていた大学（昭和薬科大学）のある場所である。早速、お電話し、苦難の歳月の一部始終をお聞きした。全くの冤罪、そして他に例のない（少ない）「最高裁の自判」による「無罪判決」である。

三

不幸な「冤罪」があった。否、現在〝進行中〟だ。博多で整骨院をやっておられた、生熊公吉《いくまこうきち》さんである。その客（女性）から訴えられ、セクシャル・ハラスメントの〝疑い〟を受けた。名倉さんの場合とは異なり、二〇〇五年九月二十二日突然逮捕、二〇〇七年十一月十二日、一審判決（懲役三年）、二〇〇八年八月二十九日、控訴棄却、二〇〇九年二月二十四日、上告棄却（最高裁）、懲役三年確定、というスピード。収監された。

わたしは、生熊さんの友人の力石巌さんのお宅に泊めていただいた時、この方のマッサージを何回も受けた。とても、誠実な方だった。力石さんは全力を投入して「無実証明」に力を尽くしてこられたが、昨年亡くなられたのである。

四

今回出版中の「復刊本」（ミネルヴァ書房）の第四冊目が出た。『邪馬壹国の論理』である。もちろん、巻末には「日本の生きた歴史」第四回を付載している。

最初に出た本（朝日新聞社刊、昭和五十年十月）を読み返すうちに、気付いた。それは次の一篇だ。「直接証拠と間接証拠――好太王碑文《酒匂本》の来歴――後藤孝典氏に答える――」である。

その中で、わたしの学問探究の「原点」となった「事件」を語っている。

「わたしが二十三歳のとき、《松川事件》が起こりました。有名なこの事件の詳細をいまここに述べる必要はありますまい。ただわたしにとって忘れられぬ経験は、広津和郎さんの『松川事件』（中央公論社、一九五八年刊）を読んだことでした。その中で広津さんは、専門家たる裁判官の判決のいかめしい幾多の論述にもかかわらず、ひとりの人間としての自分の理性から見て理解できぬものはけっしてうけつけぬ、という姿勢を単純に貫いておられました。」

この松川事件の被疑者の「うったえの文章」を読んで、「ここにはウソはない。」と広津さんや志賀（直哉）さんが語ったのに対し、一般のメディアで「小説家が何を言うか。」と嘲笑された。これに対し、広津さんは敢然と立ち向い、「実証を徹底する立場」を一貫させ、ついに「無罪」をかちとったのである。相手（反対論者）は、有名な最高裁長官の田中耕太郎だった。広津和郎の見事な「実証主義の徹底」に、青年時代のわたしは感銘を受け、それが以降の学問研究の根本、その基本姿勢となったのである。

五

西欧文明の祖源をなす二大潮流、その一方はギリシャ、その他方はヘブライだとされる。

そのギリシャ文明の中の輝く星、それはソクラテスだ。『ソクラテスの弁明』は、今もわたしにとって枕頭の書だ。

これに対してヘブライ。その圧巻は何といっても、バイブル。その祖源をなす『トマスによる福音書』もまた、心からの愛読書である。

しかし、今考えてみると、ソクラテスとイエスの二人とも「死刑」の裁判、それも圧倒的な「民衆の声」によって処刑された。では、それぞれの「多数決」は正しかったか。ソクラテスとイエスと。いずれも「死刑」に値する破廉恥漢《はれんちかん》だったか。

当然「否（ノウ）」だ。全くの「冤罪」だったこと、今、疑う人はいまい。しかし、その時点では、万人の従うべき「公的な判決」、それも〝専門家をふくむ〟多数の市民、多数の庶民の「圧倒的な評決」による「死刑」だったのである。

「多数決は、冤罪の母胎である。」

この一語は、否、この一語こそ、西欧文明の底を流れる「基礎常識」だ。そう言ったら、果して〝あやまり〟だろうか。

六

今年の六月は、政治の季節、そのはじまりだった。総理大臣の交代と参議院選挙への突入、本稿が世に出る頃は、すでにその成果も出ていることであろう。しかし、わたしにとって、それらはすべて関心がない。本質的には、関知するところではないのだ。

なぜなら、与党（民主党）も、野党（自民党）も、その他の諸党も、失礼ながら（ドングリのせ
い比べ）変化が全くないからである。たとえば、有名な、

「日出ず（づ）る処の天子、書を日没する処の天子に致す、恙（つつが）なきや、云々」

の名文句の主は、推古天皇か聖徳太子。そういう明治維新以来の「虚構」を、日本の歴史の根幹においている。「公教育」では、若い魂にその「虚構」を〝暗記〟させてきた。

右の文句は、古事記や日本書紀にはなく、中国側の歴史書『隋書』にだけ書かれている。そこでは、この文句を書き送ったのは「多利思北孤（たりしほこ）」、男性だ。「雞弥（きみ）」という奥さんがいたと明記されている。一方の推古天皇は、もちろん女性だ。

「中国側が、女性と男性を〝まちがえた〟のだろう。」

とか、

「日本側の言った〝うそ〟（虚言）に、中国側がだまされたのだろう。」

とか、

「皇太子だった聖徳太子を、天皇と〝まちがえた〟のだろう。」

とか。

堂々たる「学者」の説に、一国の〝すべての教科書〟が〝ぶらさがった〟まま、百三十年を「一貫」させてきた。笑うべきだ。

これでは、「子供だまし」にもならない。今どきの子供に失礼だ。本当の「大人だまし」の歴史、その下の公教育なのである。それを正面から受けとめ、断乎として投げ棄てる。そういう「真実に対する潔癖《けっぺき》さ」をもつ政党は、全く存在しない。だから「ドングリのせい比べ」である。

「わが党こそ、正義」といった、選挙目当ての文句を聞かされるたびに、腹の底から笑う他はない。

それが、わたしの本音だ。

いわんや、「疑わしきは罰せず」どころか、「疑わしきは罰す」という、〝あいまい至極〟のセクシャル・ハラスメントの「法」に対して、本気で「廃止」しようとする政党もない。「冤罪」が生れて当然の、この「法」に対して、正面から「撤廃」しようとする政党も、ない。与党も、野党も、「多数」にこびているのだ。選挙のために、「魂を売りわたしている」のである。

七

生態さんは、三年後〝釈放〟される。しかし、その後、十年間、営業は禁止だ。その十年後の「申請」も、それが受諾されるか否か、不明だという。すでに五十代（五十六歳）の御本人にとって、この「冤罪」によって「一個の人生」がメチャメチャにされたことは、まちがいない。今後も起きよう。しかし、それを、真剣に〝受けとめる〟政党は、わが国のいずこにも「皆無」なのである。

二〇一〇年六月十七日　稿了

（「学問論」第二一回、『東京古田会ニュース』第一三三号）

吉本隆明の証言

一

「発見」があった。

吉本隆明の『日本語のゆくえ』（光文社、二〇〇八年一月三十日刊）の中で、わたしの説が引用され、賛意が表されていたのである。この六十年間、わたしの論文や著書はくりかえし刊行されてきた。一般の読者には周知のところだ。

だが、大学の学者、学会の専門の研究者たちの論文や著作に、この二十年間、わたしの名前も、論文も、著書も、ほとんど登場しない。あたかも「古田説はなかった」かのような扱いだ。もちろん、これは意識して「古田説にふれない」慣例が〃慢性化〃させられてきていたのだ。それが破られた。今回、偶然接した、吉本隆明の本だった。

二

吉本氏の「神武天皇論」である。次のようだ。

「神武天皇は、いまの奈良県の一部である磐余《いわれ》地方に勢力を張っていて、『日本磐余彦《やまとのいわれひこ》』と呼ばれていました。（中略）このあたりのことについてはさまざまな説がありますけれど、一般的に古代史あるいは考古学の学者は、そもそも神武、綏靖、安寧、懿徳《いとく》……と呼ばれている人物が存在したかどうかも疑問としなければいけないと考えているようです。ともかく、きわめて神話的色彩が強い時代ですから、一時代前まではそう考えるのが一般的でした。」

以上は、一般論だ。それにつづいて、

「ただし少数ですが、それに異を唱えた人もいます。歴史学者の古田武彦（注記58）さんや国学院大学に長くいた人で、やさしい古代史ややさしい考古学の本を書いた樋口清之（注記、略）さんなどです。樋口さんなどは、神武東征は伝説ではなく実際にあったことだから神武天皇は存在したんだといっています。」（一五六〜五七ページ）

以上が、第一段階だ（注記58では「古田武彦〈一九二六〜〉、神武天皇実在説を展開する日本古代史の研究家。『なかった――真実の歴史学』〈ミネルヴァ書房〉などがある。」と記されている）。

三

次が「引用（要旨）」である。

「（前略）これが神武東征の経路です。

先ほど名前を挙げた古田武彦さんは、弥生時代の大阪周辺の地形図を基にして、神武実在説を唱えていました。つまり、五瀬命と若御毛沼命が畿内に入ろうとして上陸した『日下《くさか》の楯津』は、いまは陸地だけれども当時は河内湾の奥に当っていたし、五瀬命が長髄彦に敗れた『南方《みなみかた》』は河内湾から大阪湾に出る頸に当ると指摘しています。『古事記』に記された地名と実際の地形図がぴったり合うから、神武東征は事実であったと主張しています。」（一六三ページ）

四

吉本氏自身の見解は、次のようだ。

「ぼくは素人で、はたから余計な口出しをしているだけですから、別に精密なことを問われることはないと思うのであえて言いますと、ぼくも『天皇』という呼び名は新しくつくられたものだと思っています。しかし、その人物の存在までは否定しない。つまり、のちに『神武天皇』と呼ばれるようになる人物が本拠地である九州から大和の国の中央である奈良・京都地方に移ってきて、そこで地域的な支配をはじめた事実はあるのでないかと考えています。もちろん確定的にいうことはできませんけれど、だいたいそういうことはあったんじゃないかと思っています。」

「神武天皇でいえば、神話で『神武東征』といわれているように東へ攻めていった。（中略、ヤマトタケル問題）そういう事実はあったのではないかと考えています。」（一五七〜五八ページ）

五

右は、吉本氏がわたしの説（の要旨）を紹介し、それに賛成された。それだけのことと見えよう。

しかし、先述のように、近年の学会側、プロの古代史の学者側の「徹底した、古田説無視」に対してみれば、その「非学問的、慣例」に反する、颯爽《さっそう》たる筆致と言えよう。「類」に埋れていないのである。

わたしが、この本でもっとも感銘したのは、吉本氏が、戦争中の、自己の詩を〝悪びれずに〟掲載している点だ。

「祖国の山や河よ
　歴史のしづかなその悲しい石よ
いま決死のさかひにあつて
　しづかにしづかにひそんでゐる大きささよ
その土の上に生きてゐて
おほきみのおほけなき御光につつまれて
われらいまさらに語るべき言葉もなく
歴史のなかにひかりしづめ

われの生命に涙　おちる」（「草ふかき祈り」冒頭、一四五ページ）
『吉本隆明全詩集』にも、掲載されている、とあるが〝けれんみ〟なき、この一段の存在は光っている。

一般の古代史学者、学界のプロたちは、〝古田説、除外〟を旨《むね》としている。津田左右吉流の「神武、架空説」にあらずんば、学問にあらず、そういった〝倨傲《きょごう》〟の姿勢をとりつづけている。しかし、吉本氏はいわば〝当り前〟の姿勢をここでもしめした。見事だ。

六

だが、反面、吉本氏の叙述には大きな欠落がある。それはわたしの「九州王朝説」と「多元説」の問題だ。それには一切〝手をふれていない〟のだ。

右の注記58で、最近の『なかった――真実の歴史学』があげられているように、吉本氏はわたしの「九州王朝説」の存在は、百も承知だ。だが、これには一切〝ふれて〟いない。賛成も、反対も、ないのである。

実は、この点、吉本氏の有名な持論「共同幻想論」について、深い関係をもつ。この本の第三章は「共同幻想論のゆくえ」と題され、「国家とはなにか」から「『共同幻想論』の契機」「『共同幻想論』の骨格」「遠野の特異性」などのあと、「『共同幻想論』のゆくえ」の項目がある。この項目が第三章全体の表題とされているように、ここがポイントだ。そこには、

「ぼく自身に関していえば、『共同幻想論』のゆくえも芸術のゆくえもどっちのほうへ向ったらいいの

かという問題は依然として難解な問題として残っています。だから、この考え方はいいよといって自分をその考え方に入れ込んでいくことができない状態で、どっちを向いたって相当むずかしいことになっているよ、というのがぼくの本音です。したがって、『共同幻想論』のゆくえといいましょうか、それを追及していく以外にないと自分では思い定めています。」

次いで、

「これはぼく自身、マルクスの自然哲学の影響を受け取りながら、それをどうすれば、いまのこの状態から抜け出すことができるのかという問題をいまだ解決できていないということを意味していると思います。それが大きな課題として残っている。どっちを向いてもあまりいい脱出口が見えてこない。それが今のぼくの考え方の現状です。」

結論として、

「でも、別に諦めたわけではありませんから、どこかに脱出口を見つけていく、という試みはこれからもなおつづけていこうと思っています。」（一三五ページ）

氏の「共同幻想論」は、注記49で、

「初出は雑誌『文藝』。一九六八年、河出書房新社。現在は角川文庫に入っている。」

とあるように氏の代表的な論題として著名である。

しかし、氏は「これですべて解決できる。」とは言わず、逆に「現在の困難な状況」を明確にのべている。氏らしい率直さだ。

七

わたしの視点からのべよう。

氏の「共同幻想論」では、「天皇」が考察対象とされている。

「天皇による共同体統治が成立したのはおそらく、日本人が山地での焼畑農業をやめ、山から下りてきて平地で農業をはじめた時期とほぼ一致するだろうと思います。田んぼや畑で農産物をつくりはじめた名残は、宮中における『新嘗祭《にいなめさい》』や『大嘗祭《だいじょうさい》』に見ることができます。」(一三〇〜三一ページ)

では、この「共同幻想論」は「神武天皇(若御毛沼命)の近畿(大和)到着後」にだけ適用されるのか、それとも「九州出発前」から、すでに適用されていたのか、この問題だ。

わたしははじめ、「神武の出発地」を、古事記・日本書紀とも、「日向(ひゅうが)」(宮崎県)と考えていた。その後、古事記のケースは「訂正」した。「日向(ひなた)」(福岡県、福岡市)だった。「日向(ひなた)」峠の北麓、日向川のそそぐ吉武高木の弥生王墓の地を、「神武の出発点」と見なした。

神武は九州王朝の一分派だった。しかし、その地(前原市。現、糸島市)にあって、志をえず、「東へ向う」ことを決意したのである。しかしそれは、「都の中心の王者」の「東征」ないし「東遷」ではなく、一派による、近畿方面への「東侵」だったのである。

歴史の本筋は、次のようだ。

「一世紀の金印(後漢の光武帝授与)から、七世紀の多利思北孤(たりしほこ)まで、倭国を代表する王者は、筑紫(福岡県)にあった。」

九州王朝論である。「通説」とは全く異なる。
（一）男性の「多利思北孤」と、女性の推古天皇は、同一人である。あるいは「皇太子」の聖徳太子と天皇を、中国側が〝とりちがえ〟た。
（二）「日出ず（づ）る処の天子、云々」の前に「阿蘇山あり、云々」の風土描写があることは（教科書からも）「カット」する。
（三）七世紀前半（白村江の敗戦）以前に存在した「神籠石《こうごいし》の古代山城群」が、「近畿（大和）」ではなく、「筑紫」の太宰府、筑後川の流域を〝取り巻いて〟いる、この事実も、「無視」する。
これが、日本の学会の「明治維新、以来」の「通説」だ。プロの専門家が〝一致〟する立場、公的教育の〝立て前〟となっている。
残念ながら、吉本氏の「共同幻想論」も、歴史事実の骨格としては、右の「通説」に従ってこられた。そのままでは、前途に「転進」すべき余地の〝ありえない〟こと、明白だ。だが、八十代半ばの、吉本氏に対し、率直に真実に従うことを望むのは、すでに酷なのであろうか。

補

今回、ミネルヴァ書房から復刊された『邪馬壹国の論理』がしめすように、『「邪馬台国」はなかった』の刊行当時（昭和五十年代、前半）は、未曾有の「反論」「再反論」が学界の学者（東京大学、京都大学、立命館大学等）とわたしとの間で行われていた。現今の「学界の無視」は、「最近の二十余年間」の〝悪風〟に属する。それに吉本氏は、さりげない「一打」を加えられたのである。

二〇一〇年六月十九日　稿了

（「閑中月記」第六六回、『東京古田会ニュース』第一三三号）

黒澤明の発見——「白痴」

一

わたしは〝はじめて〟出会った。黒澤明監督の作品の本質、それを知らずにいたのである。——「白痴」だ。

もちろん、青年時代、長野県の松本市の縄手の映画館でくりかえし、この映画を見た。夢中になって見ていた。

しかし、今回向日市のDVD屋さん（「ゲオ」）で借りてきて〝久しぶり〟に鑑賞したところ、肝心のキイ・ポイントを語る、冒頭の一節が、実は「欠落」していたのを知ったのである。それは「冒頭」だけではない。この映画全体の本質にかかわる、キイ・テーマだった。

「極東裁判に対する、深い批判」

これだ。わたしはそれを知らず、八十四歳の今日まで、「知ったつもり」になっていた。それをこの八月十六日の深夜、はじめて知り、真底《しんそこ》、愕然《がくぜん》とせざるをえなかった。八月八日の誕生日から八日め、この「望外の発見」に遭遇することとなったのである。

二

「羅生門」や「七人の侍」などとはちがって、あまり〝著名〟ではない作品だから、その梗概を述べてみよう。

主人公は「白痴(〝はくち〟〝馬鹿〟)」と呼ばれている青年。新劇の著名俳優、森雅之《まさゆき》の好演だ。彼は、極東裁判で「死刑」の判決を受け、迫り来る「死刑」の執行の直前の日々をすごした。そしてある日、突然「無罪、放免」の〝言い渡し〟をうけた。しかし、連日の緊張のため、「平常の感覚」を失った。社会生活の中で、通常の対応ができず、相手をじーっと見つめつづける。そういう〝キャラクター〟へと変身させられてしまったのだ。この〝異常〟な青年が、全篇の主人公なのである。

三

第二の「主人公」は、原節子だ。わたしの年齢の青年には、忘れられぬ美貌の女優である。現在も、健在と聞いている。この「白痴」の前に、黒澤の手がけた「わが青春に悔いなし」では、すばらしい存在感をしめした。わたしは何回、映画館へと足を運んだか、数え切れない。各場面、すべて「記憶」の中にある。

けれども、この「白痴」では役どころが一変した。少女時代から青春にかけて、その美貌から、成り金《きん》（金持ちの男）の「妾」としてすごしてきた。「人間に対する不信」が、そのキャラクターとなっていたのである。周辺の人々も、みなそれを知り、〝あざけって〟いたという。

四

森雅之の「白痴」は、駅前近くに貼られていた彼女の写真を見た。くりかえし、見つづけた。その顔に「どこかで見た」記憶があったのである。その後、知人の家で、当人に会った。彼女は、はじめてだと言い切ったけれど、彼はその「目」を、どこかで見た、と言いつづけるのである。

そしてようやく、思い当った。

かつて自分が極東裁判の「死刑囚」だったとき、一人の若者がいた。二十歳だった。無実にもかかわらず、「死刑」が宣告された。その執行の日まで、何を言っても、とり上げてもらえなかった。彼は絶望して、日々をすごしていた。その「目」を、「白痴」の青年は見た。忘れられない「記憶」だった。

その「人生に絶望した目」、そのまま「死刑」が執行された青年の「目」、それが忘れられなかった。写真と実在の彼女、原節子も、その青年と「同じ目」をしていた。それにやっと〝気付いた〟のだった。「白痴」は彼女に告げた。彼女ははじめて自分を「理解」してくれる男性、否、一人の人間の存在することを知ったのだった。

五

それ以降に展開される、男女の恋愛ドラマ、あの三船敏郎や久我美子《よしこ》を〝からめ〟た心理劇については、今は省略しよう。

原節子の「死亡」、正確には「殺人」によって、かなりの長篇は終る。これでも、黒澤の最初の作品(「白痴」)は、約三分の二くらいも、(映画会社側の要望で)削り去られたという。今回のDVDでも、その「省略部分」が「文字書き」の解説で、埋められている。

それはすでに、わたしも承知していたが、今回〝はじめて〟見たDVDの冒頭にあった「極東裁判」をめぐる経緯が、二十代半ばに映画館で見たものには〝欠けて〟いたのである。

六

その理由は、分らない。松本市の縄手の映画館側の〝手ちがい〟で、「欠けた」のかもしれない。

しかし、よく考えてみれば、それは〝変〟だ。あり得るケースではない、とは言えなくても、ありにくいのではあるまいか。――では、なぜ。

「占領軍の命《めい》による、カット」である。

ちょうど、数日前、NHKのテレビ番組があつかった、占領中のラジオ番組では、放送前に占領軍側への「提出」が義務づけられており、「占領軍への批判」となり得るものは、一〇〇パーセント、カットさせられたというのである。丸山眞男の兄に当る、丸山鉄雄をリーダーとする「日曜娯楽版」などの事例と、当時の担当者で、現在も存命中の方へのインタビューをふくめ、報告されていた。貴重だった。それは「講和条約」成立まで、つまり占領中、つづいていたというのである（国内のテーマについては、政府筋からの〝干渉〟が絶えなかった、という）。

わたしが、松本市の縄手の映画館でこの「白痴」に没頭していたのは、昭和二十年代の〝半ば〟だから、文字通り「占領期間」の〝真只中〟だったのである。

七

黒澤の「本来のテーマ」は次のようだった。

第一、極東裁判という「国家の審判」あるいは「超、国家の審判」によって、無実の人間が「死刑」として処刑された。その二人の例が、この映画の発起点である。

第二、その一人は「無実」を叫びつつも、全く受けつけてもらえず、「絶望」の中で処刑されていった。他の一人（主人公）は、「死刑」が眼前にある恐怖から、通常の「人間の神経」を失った。社会に出てからも、「白痴」と呼ばれる日々をすごす（森雅之）。

第三、資本主義社会の「負《ふ》（マイナス）」の姿に人生を翻弄された女性、それがもう一人の主人公である（原節子）。

第四、「白痴」は、彼女の「空虚《うつろ》な目」の中に、かつて「無実の中で死刑になった青年（二十歳）」と同じ、「絶望の目」を見出す。これがこの映画の主題、いわば「主旋律」をなして、全体を流れているのである。

第五、同類のテーマを扱った映画に「わたしは貝になりたい」があるけれど、それはいわゆる「BC級戦犯の悲劇」を〝情緒的に〟描出したものだった。

これに対して黒澤の場合、題材そのものは同じ「BC級戦犯」のケースであるが、その論理は「国家の審判」と「人間の（一生をおそう）被害」という構図で展開される。より、「思想的」かつ「構造的」な把握となっている。

第六、それゆえ、「占領中」は〝公開〟されなかったのが、「冒頭のテーマ」かもしれない。

しかるに、わたしはこの「八月十六日」まで、それを〝知らず〟にいたのである。「長生き」して、よかった。そう思っている。

八

この映画は、ドストエフスキーの同名の作品（「白痴」）の「翻案」であるとして、紹介されてきた。わたし自身も、青年時代「小説」と「映画」を〝見比べる〟ことに熱中していた。しかし、それは〝まちがって〟いた。少なくとも「不十分」だった。なぜなら、黒澤にとっては、

「翻案の〝形〟を借りて、日本の極東裁判を批判する。」

それが目標だったからである。「翻案」という理解は〝安易〟だった。少なくとも、黒澤の「狙い」、その本質に対して〝目をおおうて〟きたのだった。もちろん、「不十分」な形でしか、見ていなかった、わたしもまた「同罪」だったのである。

わたしは朝《あした》に真実を知り、夕に死にたい。

二〇一〇年八月二十二日　稿了

（「閑中月記」第六七回、『東京古田会ニュース』第一三四号）

坂本龍馬の夢

一

このところ、NHKの大河ドラマ、龍馬伝に魅入《みい》られている。わたしは父母とも、土佐（高知県）の出身だから、坂本龍馬の名は耳に親しかった。

しかし、彼の一生をめぐる詳細には、知るところが少なかった。無論、今回のドラマは、あくまで「実伝」そのものというより、「造られた戯曲」であろうけれど、よく練られたシナリオの上に立ち、福山雅治・真木よう子など、出演者の適役、好演で〝見ごたえ〟がある。土屋勝裕のプロデュースが勝れているのであろう。

今回（十月中・下旬）、わたしの心を捕えたのは、「船中八策」だ。前回の紀州船といろは丸の衝突問題でも、「国際公法」が中心課題となった。坂本龍馬が、この新知識を〝たて〟にとり、紀州船の「責任」を強調し、認めさせ、賠償金を獲得した、という一段である。

わたしは、十月十七日（日曜日）と二十三日（土曜日）の再放送とも、所用のため、見ることができなかった。逆に、そのため、ビデオ（平田英子さんによる）によって、くりかえし観ることができた。

わたしの関心は「国際新公法」のテーマをめぐるものだった。現代の国家間の「紛争」を〝防止〟するための、新たな「国際公法」が地球上にいまだ存在していないのではあるまいか、と。

近くは、尖閣列島問題。中国・台湾側と、日本側と、「領土認識」が異なっている。「対立」があるから、〝もめて〟いるのだ。これに対して、日本側が「領土問題は存在しない」などと言っているのは〝いただけ〟ない。現に、隣国から「異論」が出ているのに、そんな「スローガン」をかかげたのでは、「中国も、台湾も存在しない」と言っているのに等しいからである。戦時中に、近衛内閣が「蔣介石を相手にせず」と唱え、かえって〝どろ沼〟へと足を踏み入れた、あの史実を思いおこさせる。まさに、愚策だった。

その点、解決を将来の世代に委ねた、という、福田赳夫《たけお》と鄧小平《とうしょうへい》との〝申し合わせ〟の方が、一応「大人らしい対応」だったのではあるまいか。

もちろん、わたしの立場は、日本領だ。だというより、古来の（縄文時代以来の）日本語、それが「尖閣」なのである。「瀬の河（か）く」という、縄文語、それも早い時期の縄文語に対する、後代の〝漢字当て〟それが「せんかく」だ。決して「尖った楼閣のある列島」などといった、またそれ以前に由来するような「中国語」ではないのである（この点、別述）。

それはそれとして、現実に隣国（中国・台湾）と〝争い〟が生じているのであるから、冷静、かつ正面から「対応する」こと、この姿勢が重要だ。

本来、地球には「国境」などない。新たに「国家」が生れ、その「国家」が勝手に「線引き」したもの、それが「国境」だ。だから、地球上、至るところに「国境紛争」が生じている。当然だ。

かつてわたしは、南米のエクアドルへ行ったとき、隣国たるペルーとの「隣国対立の烈しさ」に驚いた。とても、日中や日韓どころのレベルではない。お互いに相手国を意識した〝繁雑な法律〟を制定しているのである。日本もまた（埋蔵物の国外展示などで）その〝とばっちり〟を受けている形なのだ。

英国のサッチャー女史が「戦争」に訴えて、自国の「国益」を守ったこと、記憶に新しい。

「自分の領土は、自分の国が守るべきだ。」という「正論」が存在するけれど、それでは「尖閣列島問題」を理由にして、日本は中国や台湾と〝戦争〟を辞せず、文字通りの「長期戦争」をはじめるべきなのだろうか。――とんでもない。

おたがいが自己の主張をゆずらず、しかも「話し合い」の姿勢を捨てず、堂々と相対する他に、道はないのである。あらゆる「妥協」は、たがいの「王道」である。

「地球に、本来、国境はなかった。」

これが自明の金言である。ここでも、「新しき国際公法」の成立が望まれよう。

二

さらに重大なのは、文字通りの国家間の「戦争突入」だ。たとえば、アメリカ合衆国側の「イラク侵入」である。「巨大兵器（原水爆）の存在」を理由としていたが、それは存在しなかった、という。かりに、それが存在していたとしても、それが「国家攻撃」の理由となりうるか。それなら、アメリカ合衆国の軍隊は、なぜ北朝鮮に「侵入」しないのか。北朝鮮はみずからその「所有」を既定事実として、宣言したのである。矛盾だ。

相手次第で「チグハグ」な対応、これではとても「国際公法」どころのレベルではない。

その「根本の原因」は、他でもない。国連の「仕組み」そのものの中にある。戦勝国が結束し、「理事国」と称して「原水爆所有」を「合法」とする。他の「非・理事国」が所有すれば「違法」とする。その上、例外も、認める（インド、パキスタンなど）。

こんなものは、「法」でも、何でもない。「無法の規定」以外ではありえないのである。この点、「国連を起点とした軍隊」を「合法」とし、日本もそれを「提供」すべきだ、という議論があったけれど（小沢一郎氏）、その「根底」そのものが、実は〝あやふや〟なのである。

三

そこでわたしは提案する。

日本は「国際新公法設立研究所」を造り、もらさず世界各国の英知と俊秀を集める。そして毎年、その成果を公表する。そして地球上の諸国家が「違法行為」をしたとき、それを敢然と「違法」として天下に公表する。

今年のノーベル平和賞の受賞が、中国の劉暁波氏を以て、これに当てた。中国側は反発した。もちろん、直接の「実効」はなかったかもしれないけれど、中国は今後の「国家行為」に対し、このテーマを、いやでも意識せざるをえないこととなろう。

これと同じく、日本の「国際新公法設立研究所」の発表する「違法宣言」は年々国際上の国家行為に対して「影響」を与えつづけ、やがて「国際公法」の典範の一となろう。日本自身の「国家行為」に関しても、決して例外はありえない。これが肝心だ。

四

新たな「国際公法」の制定以前の「問題」がある。各国、各宗派内の「国益」や「宗益」を背景とし、それらの「私利私益」のために造られた「国家の歴史」や「宗派の歴史」に変え、新たな「真実の歴史」を樹立することだ。

日本の場合、明治政府が「公の歴史」を樹立し、「国家の教育」の基本とした。「天皇家中心の歴史」が百三十年間、公教育、公の学界の「定式」とされてきたけれど、これは全くの「偽史」だ。明治国家の「私利・私益」による、〝いつわりの歴史〟を以て「公教育」としてきたのである。

たとえば、有名な「日出ず（づ）る処の天子、云々」の一節、あれは隋書俀《たい》国伝にある「阿蘇山下の王朝」、すなわち九州王朝の歴史である。その天子・多利思北孤（タリシホコ）は、男性だ。奥さんを「雞弥（キミ）」と称する。疑いなく、明記されている。

それを、平然と「女性」の推古天皇と〝等置〟するのだから、並たいていの〝神経〟ではない。

「い、つ、わ、りでも、政府が定めれば、O・K」

この立場を百三十年間、貫き通してきた。しかし、これは日本だけの「例外」ではない。他の近代国家や一大宗派は、みなそれぞれの「私利私益の歴史」を「公教育」と称してきた。

これらの「公」を〝偽称〟する、国家や宗派の歴史に対して、断乎「否（ノウ）」と言う。そういう時代が地球上の今、はじまろうとしているのである。

五

わたしは誤解してきた。日本では、二回、歴史観の変転があった。一つは、大化の改新、もう一つは、明治維新だ。いずれも、重大な「国家変動」があり、それにともなって「歴史観」が変動した。三回目の敗戦のときも、そうだった。

だとすれば、次の「歴史観の変動」、すなわち、わたしの言う「多元史観」の成立もまた、現実上の「政治的一大変動」なしには〝承認〟されないのではないか、と。そう考えてきたのである。全くの誤解だった。

六

今までの「歴史観の変化」は、新しい政治権力にとって〝都合のいい歴史観〟を以て「公の歴史」と称しただけだった。不正や「ゴマカシ」や「権力争奪」の結果、獲得した「公権力」を〝正当化〟するための「歴史観」だった。いいかえれば、「公権力の召使い」だったのである。それが「政治権力の変動」に伴う、かに見えたのは、当然だった。

今回は、ちがう。わたしはいかなる「公権力に対する奉仕者」でもない。ただ、真実の歴史に対する奉仕者であるのみだ。

そのような歴史をこそ、人類は新たに欲する。地球が望んでいるのである。

なぜなら、各国家や各宗派の「私利私欲」、それを「公教育」とし、「公の歴史」と偽称してきた。その「やり口」が結局、国家と国家の対立、宗派と宗派の対立を生み、際限なき「戦争」を、この地球上に巻きおこしてきた。

そのような、各国家、各宗派の「いつわりの歴史」を廃絶し、真実の歴史を打ち立てる。そのような、真実のための闘いのはじまる前夜、そこにわたしたちは今、立っているのである。

あの坂本龍馬すら、全く未想到の「新しきとき」の到来を、わたしたちはついに今、眼前にしているのである。

二〇一〇年十月三十一日　稿了

（「閑中月記」第六八回、『東京古田会ニュース』第一三五号）

第二篇　明治の陰謀

「万世一系」の史料批判

近来、流布されはじめた〝言葉〟がある。「万世一系」の一語である。
わたしはこの二月初旬、一文を書いた。

〈まえがき〉
1、最近、皇位継承をめぐる論議がさかんである。テレビや新聞・雑誌等に各氏の各論が掲載されている。
2、わたし自身は「皇位継承」自体については、これに「関与」ないし「介入」する意思は全くない。
3、ただそこで使用されている用語は、学問上、全く事実と道理に反している。いわく「万世一系」、いわく「女系天皇」等。
4、近来政治家や新聞記者・評論家・学者などが、これらについて「あやまった概念」に立って述べている。よって明確にこれを記すこととする。

〈本文〉
第一、「万世一系」という言葉は、古事記・日本書紀にはない。明治維新以降「強調」されはじめた言葉である。これは「神武以来」ではなく、「天照大神以来」の意だ。なぜなら教育勅語の冒頭に「我が皇祖皇宗」とあるけれど、この「皇祖」とは日本書紀の神武紀に、神武天皇が「皇祖・天神」を祭った、と述べられている、その言葉だ。神武天皇が〝自分〟を祭る道理はない。天照大神なのである。これをうけた「万世一系」を「神武以来」などと、ゆがめ解するのは不当だ。例の「天孫降臨」の神勅がわが国の皇統の「万世一系」の証拠とされた。これを肯定するにせよ否定するにせよ、事実を曲げることは不可である。

第二、言うまでもなく、天照大神は女性である。「夫」は高木神。高木神は「吉武高木」（福岡市）の「高木」。九州在住の神だったようである。ともあれ、高木神ではなく、天照大神を今も伊勢神宮に祭る天皇家が、「大いなる女系の王家」であること、天下に隠れもない事実である。現代の男系主義のイデオロギーのために「古来の伝統」を無視あるいは軽視することは不可である。明治国家はみずからの男性主義のために、この基本の道理を無視することはなかった。

第三、現代の男系天皇主義者は「天照・神武、共に造作」説の津田左右吉の説のあとで、一方の「天照神話」は切り捨て、他方の「神武天皇・第一代」は採り上げる。御都合主義という他はない（わたしはいずれも、史実と見なしている）。

第四、継体天皇の問題。応神五世（あるいは六世）の孫とされている。記・紀は「血族国家」観に立つ。全国の豪族の八十八パーセント（古事記。日本書紀は四十五パーセント。梅沢伊勢三氏による）が「皇系」すなわち「天皇の何代かの孫」とされている。継体天皇は、その中の一人なのである。これで「男系の継続」と称するなら、桓武天皇の子孫の平清盛や清和天皇の子孫の源頼朝が「天皇」になってもO・K。そうなってしまう。笑止である。いずれの国の王家にも、戦乱や変動はある。わが国にも、それがあった。それだけのことなのである。「万世一系」とか「男系天皇」とか〝りくつ〟をつけはじめると、かえって世界の心ある人々から「?」を抱かれることとなろう（欽明天皇の生母は武烈天皇の姉で女系。宣化天皇・安閑天皇の生母は尾張の豪族の娘。父はいずれも継体天皇である）。

第五、明治以降は「男子天皇」の立場となった。その理由は明白である。「江戸幕府の将軍を模倣した」からだ。将軍は代々男性。そして男系。これは「明治の常識」だった。勤王の志士たちは、記・紀には精しくなくても、右の常識は万人周知だったのである。その将軍に代って、全軍を統率する「大元帥陛下」であるから、「男子」以外にはありえなかった。――「明治の天皇制は、古代ではなく、徳川幕府の模倣」これが明治体制のもつ歴史的な姿、その率直な事実に他ならない。

第六、不可欠の反対概念がある。九州王朝説だ。「七〇一」以前が、その時代。天皇家はこれ以降、との立場である。今は学界の定説となった「郡と評」の分岐点。それが「七〇一」だ。そのとき、必ず「廃評建郡」の詔勅が出たはずだ。だが、日本書紀にも、続日本紀にも、それがない。なぜか。ここに「九州王朝」説のリアリティ（真実性）が、しっかりと顔をのぞかせている。この「九州王朝」説は、明治から敗戦までは「許容」されなかった。政治的に「排除」されていたのである。もちろん、わたしはこれを歴史的真実として真摯に主張している。けれども「学問上の応答」なしにこれを政治的に「排除」しなければ「万世一系の天皇家」というような〝超越的な〟言葉は成り立ちえない。それは「生物的概念」ではない。〝常に政治上の中心権力者であった〟という政治的概念だからである。純粋に「生物的概念」ならば万人とも「万世一系」である。やがて「九州王朝説を唱える者は非国民」と言われよう。――学問の自由の死滅である。

第七、今、人あって「万世一系」や「女系天皇」といった「非・歴史的な概念」をもてあそぶならば、必ず外国の識者から「軍部統率の大元帥陛下への復活の野望」の声が大きくあがるのを、おそらくとどめがたいであろう。事実、〝外国の王家とはちがう、日本の天皇家〟とか、〝万邦無比の特異性〟を唱えはじめているからだ。ウルトラ・ナショナリズムへの道である。

第八、最後に言う。現実の「皇位継承」いかに。これにはわたしは関心がない。ただ願わくは、皇室内部の女性に〝圧力とストレスを与えぬ制度〟それを祈るだけである。しかし「歴史の真実の圧殺」に対しては断乎、死を賭しても戦わねばならぬ。なぜなら再び日本国民の不幸を、確実に、かつて以上に、招きよせるべき重要な因子だからである。

それ以外に、何の他意も、わたしにはない。

二〇〇六年二月六日暁天　記了

（「閑中月記」第四〇回、『東京古田会ニュース』第一〇七号）

日本思想史学批判――「万世一系」論と現代メディア

一

日本歴史の重大な〝破れ〟を放置してきた、日本思想史学を批判したい。

①日本書紀から続日本紀にかけて、重大な一大欠落がある。「七〇一」の「廃評建郡の詔勅」が存在しないことである。

②この一点において「評から郡へ」の転換が行われたこと、今は学界周知の事実である（坂本・井上論争の結着）。とすれば、必ず不可欠のもの、それは「廃評建郡の詔勅」（大宝元年、七〇一）である。文武五年に当る。しかし、それが全く存在しない。なぜか。

③「評」は天皇家の制度ではなく、「前、天皇家」としての九州王朝の制度だったからである。

④それを論理的に実証するもの、それは全く同じ年度（七〇一）に終結している「九州年号」（平安時代成立の「二中歴」所載。二三九～四〇ページ掲載）の存在である。この「二中歴」の記述者が、近年の「坂本・井上論争の結着点」を予知していて、〝これに合わせた〟などということはありえない。

そのような想定は全くの背理である。すなわち、この暦は「実在した王朝の、実在した王者の、実在した年号」だ。そのように見なす以外の「すじ道」はありえない。

二

従って古事記・日本書紀とも「万世一系」の四文字は全くない。

①代って「白村江の敗戦以後」の先人として「天智と天武」の両者をクローズ・アップし、その後継者であることを誇った（文武天皇）。それによって「七〇一」以後の新権力の「正統性」を主張したのである。

②「白村江の敗戦」以後、日本列島をおおう〝権力の傘《かさ》〟となったのは、則天武后の「唐」であった。「七〇一」以降の天皇家は「北朝（唐）配下の一〝地方〟権力」だったのである。

③それゆえ「天武」の名において「削偽定実」が主張され（古事記）、その立場は日本書紀にも受け継がれた。「偽」とは「南朝」（東晋・宋・斉・梁・陳）、「実」とは「北朝」（北魏・東西魏・北斉・北周・隋・唐）を指す。いわゆる「倭の五王」は「偽なる南朝」の配下にあったから、古事記・日本書紀にも「削られた」のである。それが「天武の意思」だ、と称しているのである（五王の都督府は、筑紫の都府楼）。

④本居宣長も、明治以降の各学者も、この根本的な一大テーマを、あたかも「天皇家の系譜」内部の、〝些末な、考証上の正誤〟に過ぎぬように、〝読み変え〟たまま、空しく今日に至っている。批判の欠如である。

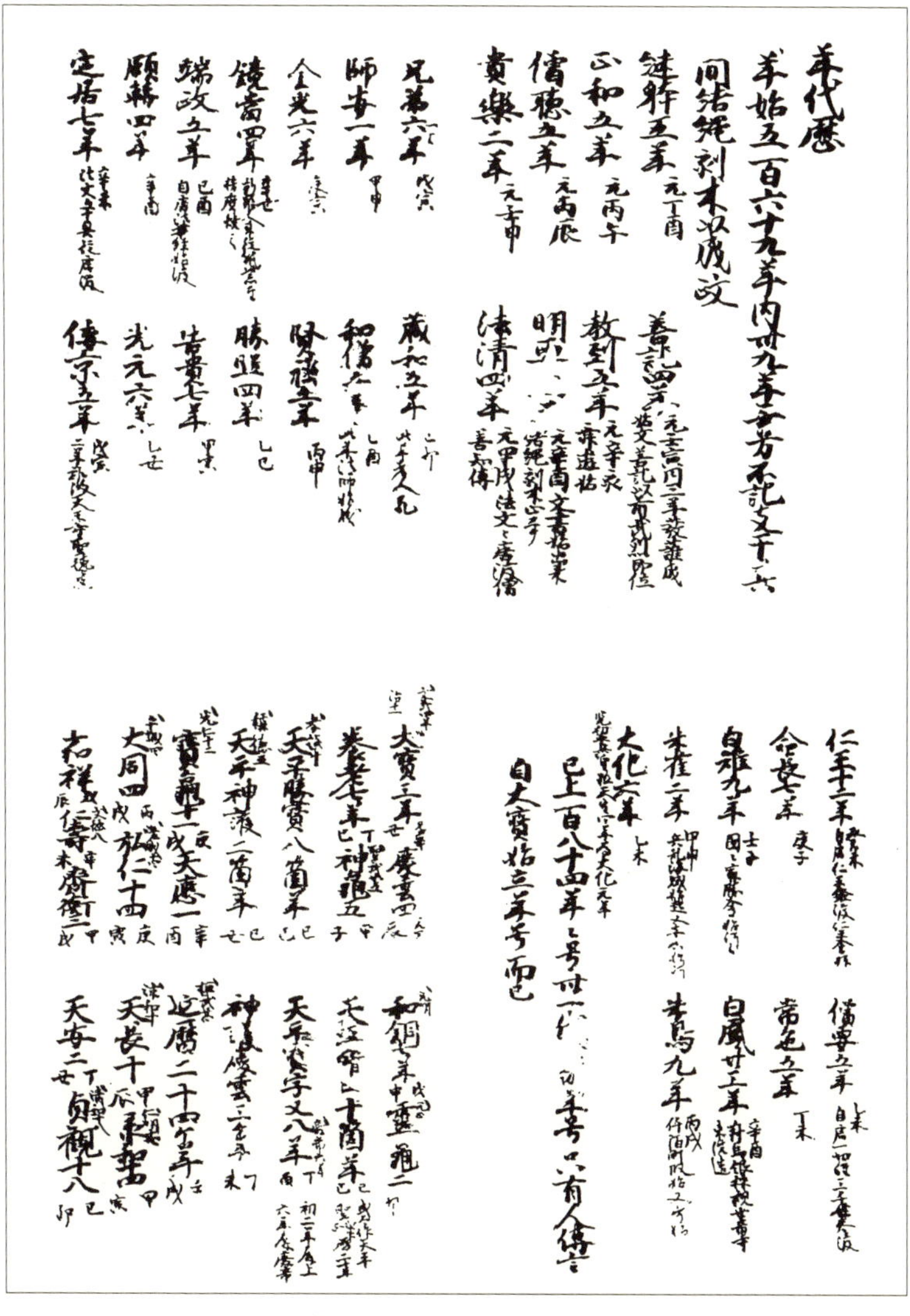

年代歴
年始五百六十九年内卅九年無号不記支干、其
間結縄刻木以成政
継体五年 元丁酉
善記四年 元壬寅 同三年発誰成 始文善記以前武烈即位
正和五年 元丙午
教到五年 元辛亥 舞遊始
僧聴五年 元丙辰
明要十一年 元辛酉 文書始出来 結縄刻木止了
貴楽二年 元壬申
法清四年 元甲戌 法文唐渡 僧善知伝
兄弟六年 戊寅
蔵和五年 己卯 此年老人死
師安一年 甲申
和僧五年 乙酉 此年法師始成
金光六年 庚寅
賢称五年 丙申
鏡当四年 辛丑
勝照四年 乙巳
端政五年 己酉 自唐法華経始渡
告貴七年 甲寅
願転四年 辛酉
光元六年 乙丑
定居七年 辛未 注文五十具従唐渡
倭京五年 戊寅 二年難波天王寺聖徳造
仁王十二年 癸未 自唐仁王経渡仁王会始
僧要五年 乙未 自唐一切経三千余巻渡
命長七年 庚子
常色五年 丁未
白雉九年 壬子 国々最勝会始行之
白鳳廿三年 辛酉 対馬銀採観世音寺東院造
朱雀二年 甲申 兵乱海賊始起又安居始行之
朱鳥九年 丙戌 仟陌町収始又方始
大化六年 乙未
已上百八十四年々号卅一代□年号只有人伝言
自大宝始立年号而已
大宝三年 辛丑 慶雲四 甲辰
和銅七年 戊申 霊亀二 乙卯
養老七年 丁巳 神亀五 甲子
天平廿箇年 己巳
天平勝宝八箇年 己丑
天平宝字八年 丁酉
天平神護二箇年 乙巳
神護景雲三 丁未
宝亀十一 庚戌 天応一 辛酉
延暦二十四 壬戌
大同四 丙戌 弘仁十四 庚寅
天長十 甲辰 承和十四 甲寅
嘉祥三 戊辰 仁寿三 辛未 斉衡三 甲戌
天安二 丁丑 貞観十八 己卯

「二中歴」に見える九州年号

年代歴

年始五百六十九年内丗九年無号不記支干其間結縄刻木以成政(1)

継体五年	元丁酉	517
正和五年	元丙午	526
僧聴五年	元丙辰	536
貴楽二年	元壬申	552
兄弟六〈二〉年	戊寅	558
師安一年	甲申	564
金光六年	庚寅	570
鏡当四年	辛丑(8)	581
端政五年	己酉(9)	589
願転四年	辛酉	601
定居七年	辛未(10)	611
仁王十二年	癸未(12)	623
命長七年	庚子	640
白雉九年	壬子(14)	652
朱雀二年	甲申(16)	684
大化六年	乙未(18)	695

覧初要集皇極天皇四年為大化元年(19)

善記四年	元壬寅(2)	522
教到五年	元辛亥(3)	531
明要十一年	元辛酉(4)	541
法清四年(?)	元甲戌(5)	554
蔵和五年	己卯(6)	559
和僧五年	乙酉(7)	565
賢接五年(?)	丙申	576
勝照四年(?)	乙巳	585
告貴七年	甲寅	594
光元六年	乙丑	605
倭京五年	戊寅(11)	618
僧要五年	乙未(13)	635
常色五年	丁未	647
白鳳廿三年	辛酉(15)	661
朱鳥九年	丙戌(17)	686

已上(?)百八十四年〻号丗一代〔欠〕年号只有人伝言自大宝始立年号而已(20)

注

(1) (読み下し) 年始、五百六十九年。内、丗九年、号無く、干支を記さず。其の間、縄を結び木を刻み、以て政を成す。

(2) 三年発誰成始文善記以前武烈即位 (三年、発誰、文を成す。善記以前、武烈即位す)。

(3) 舞遊始 (舞遊、始まる)。

(4) 文書始出来結縄刻木止畢 (文書、始めて出来す。縄を結び木を刻むこと、止め畢る)。

(5) 法文〻唐渡僧善知伝 (法文の文、唐渡僧・善知伝う)。

(6) 此年老人死 (此の年、老人死す)。

(7) 此年法師始成 (此の年、法師始めて成る)。

(8) 新羅人来従筑紫至播磨焼之 (新羅人来る。筑紫従《よ》り播磨に至り、之を焼く)。

(9) 自唐法華経始渡 (唐自《よ》り、法華経始めて渡る)。

(10) 法文五十具従唐渡 (法文五十具、唐従《よ》り渡る)。

(11) 二年難波(?)天王寺聖徳建 (二年、難波の天王寺、聖徳建つ)。

(12) 自唐仁王経渡仁王会始 (唐自り仁王経渡り、仁王会始まる)。

(13) 自唐一切経三千廿(?)巻渡 (唐自り一切経三千二十巻渡る)。

(14) 国〻褰勝会始行之 (国〻褰勝会、始めて之を行う)。

(15) 対馬銀採観世音寺東院造 (対馬の銀を採る。観世音寺の東院を造る。或は、観世音寺を東院〈人名〉造る)。

(16) 兵乱海賊(?)始起又安居始行 (兵乱・海賊始めて起る。又安居始めて行わる)。

(17) 仟陌町収始又方始 (仟陌町収始まる。又方、始まる)。

(18) 大化六年、庚子 (七〇〇) で終結。

(19) (読み下し) 初要集を覧るに、皇極天皇四年を大化元年と為す (或は、「覧初要集に」か)。

(20) (読み下し) 已上百八十四年、年号三十一代、〈欠字〉年号。只人有りて伝え、「大宝自《よ》り始めて年号を立つ」と言う而已(のみ)。

明治維新の新権力は、「万世一系」を称した。「江戸幕府の三百年」に対して新権力の〝優位性〟を強調するためであった。

三

①いわゆる「足軽あがり」などの軽輩による、新権力の「正統性」を誇示するために、それは〝必要〟だったかもしれぬ。しかしそこにおいて歴史の真実もまた〝捨て去られた〟のであった。

②「万世一系」の四文字は古事記・日本書紀には存在せず、これを強調した北畠親房の「神皇正統記」の場合、単に「南朝弁護の小論理」にすぎなかった。その四文字を、空前絶後の〝誇大な意義〟としてPRに使用したのである。

③それゆえ、「九州王朝」など、先在王朝の存在は一切削り去られた。江戸時代には学術上のテーマとして、一応は存在していた「九州王朝」の概念は、明治以降、教科書からも、学術書からも〝削り去られ〟た。完全に「天皇家一本の歴史」で〝洗脳〟された、千億の国民が造成されたのであった。

四

村岡典嗣氏の日本思想史学も、津田左右吉氏の記紀批判も、すべてこの「枠」の中で行われた。

①先人の功績を称揚することと、この限界を批判することと、両者は矛盾しない。当然だ。村岡氏の

常に言われた「な、なづみそ。」（先人に盲従するなかれ。）（本居宣長）の精神である。

②けれども、日本思想史学の「研究史」上の事実は、右に反した。梅沢伊勢三氏は右の古田見解に関しては逐一熟知しながら、自家の論文では一切これに言及されなかった。これがその後の〝相継ぐ研究者の因習〟として、許されるかの観を呈して今日に至っている。今においては、村岡・梅沢氏も深く歎かれるところであろう。本来の学問に反するところである。

五

世上、敗戦が日本歴史像の一変をうながした、と言われている。本当だろうか。

①津田史学に対する、戦前の迫害と戦後の文化勲章授与との激変はその一変を象徴的にしめしているかに見える。しかし、それは「表面」だ。

②占領軍は「無条件降伏」の〝名〟と旧来の「国体護持派の教科書検閲」の〝実〟の保存とを〝取り引き〟した。いわゆる「司法取引」の〝手口〟だ。現在の占領目的のために「反米教育」を阻止する。そのために、プロシア憲法にならった、明治憲法以来の「教科書検閲」の手法と人材を、新たに「検定」として〝再活用〟したのであった。

③明治以降の、いわゆる「教科書検閲及び検定」問題は、いずれも〝些末〟だ。あるいは「南北正《せい》閏《じゅん》」問題（喜田貞吉）、あるいは戦後の「家永裁判」問題、また近年の「沖縄、集団自決」問題等、それぞれその時点では〝重大問題〟とされていたが、悠遠なる歴史の視点から見れば、結局〝同じコップの中の嵐」と言う他はない。なぜなら、「論争当事者の両側」とも、明治以降に設定された、

根本をなす「天皇家一本」の歴史、その「偽史性」を疑っていないからだ。当《とう》、本源の〝破れ〟を無視しているのである。

④この点、現代のすべての、あるいはほとんどのメディアも、同じ「わく」の中で、「明治以降の〝洗脳〟」を疑うことがない。

六

願う。日本思想史学は、当《とう》学問の本質にかんがみ、他の学問やメディアの諸分野に先がけて「明治以降の通史」への疑惑の声を聞かれんことを。筆者（古田）のささやかな声を「聞く」にとどめず、学問としての「自由にして十分な討論」を重んじられんことを。すでに、筆者にとって残された生命《いのち》は短い。

二〇〇八年十月十三日　記了

＊本論文は、二〇〇八年十月十九日、日本思想史学会で発表されたものです。

（「学問論」第一一回、『東京古田会ニュース』第一二三号）

万世一系論と近現代教育

一

国家の任務、それは教育だ。近代国家のになう、もっとも重要な任務の一つである。その「国民」が共通した基礎知識をもっていなかったら、到底、近代国家の軍事力、いわゆる「国防」も成立しないこと、自明であろう。

この点、明治国家は〝幸せな出発点〟に立っていた。江戸時代の「三百年」の中で、読み・書き・そろばんの寺子屋を、各藩がきそって構築していた。その寺子屋の「お師匠さん」たちを糾合《きゅうごう》して、明治国家の義務教育、「小学校」が各県に共通して設置されたのである。

もちろん、それらの設置は決して〝スムースに〟実施されたものではないこと、たとえば福沢諭吉の門人達の〝各地各様〟の〝活躍ぶり〟を見ても明らかだ。だが、それにもかかわらず、やがて「小学校」は各地、各市町村に成立し、近代の「明治国家」をささえたのである。

二

江戸時代の寺子屋の背景には「武士たち」が〝君臨〟していた。「武士たち」は中国の朱子学を「祖」とし、その日本版、否「徳川版」を作り、それのみを「学問」と称したのである。

中国側の朱子自身は、東方の小島、日本列島の中の「大義名分論」などには何の関心ももたなかった。しかし、山鹿素行《やまがそこう》たちの『中朝事実』などの〝文筆〟は当初の「徳川将軍、中心」の「学問」を、やがて「天皇家中心の歴史観」へと〝移動〟させた。この〝移動〟こそやがて、徳川幕藩体制の崩壊、明治国家誕生へと、時代全体を導いたのである。

三

万人「周知」の事実をあえて大観したのは他でもない。明治国家の中の根本ルールが「明治憲法」として成立し、その第一条は、

「大日本帝國ハ万世一系ノ天皇之ヲ統治ス」

と明記されて以来、日本の全歴史を「万世一系」と見なすこと、その一点が新たな「学問」の原点とされた。その原点に立って、明治維新以降、平成の二十一世紀に至るまで、百四十余年の、日本国民の「基礎知識」が成立して今日に至ったのである。

それ以外は「学問」ではなかった。

四

今は知る人ぞ知る。右の「学問」は真実の歴史とは関係がない。先の明治憲法第一条の文言は決して「日本の歴史を実証的に精査した」結果の文言ではなかった。ただ、徳川「三百年」を〝見下《くだ》し〟、わが「明治の新体制」の〝威容〟をPRするための、もっとも〝印象的〟な文言に過ぎなかったのである。

しかし、外国（英国）との国交や開戦の詔勅（大東亜戦争、いわゆる「太平洋戦争」）等、各時期の、最も重要な「詔勅」類には、この「万世一系」の文言がくりかえされ、日本全国民の「頭脳」をいつも〝しびれ〟させ、〝酔わせ〟てきたのである。

それは「敗戦」の一線を経て、いわゆる「津田史学、公認」の時代になっても、〝変動〟することがなかった。天皇を「国民の象徴」とするさいの「自明の前提」として、明治以来の、あの四文字の文言が存在したこと、知る人には「自明」のところであろう。

けれども、それは本来の「歴史の真実」そのものとは関係がなかったのである。

五

今振り返って見るに、明治の当初から、歴史学者、または歴史に「知識」をもった人々には、その背理はすでに十分「想定」されていたのではあるまいか。なぜなら、明治以降の「国史の教科書」のハイライト、それは次の一節だった。

「日出ず（づ）る処の天子、書を日没する処の天子に致す、恙《つつが》なきや　云々」

この「名文句」が、新たな教科書の筆頭を飾った。これを〝述べた〟のは勿論、徳川将軍ではない。「推古天皇とその摂政の聖徳太子」の〝述べた〟ところとして鮮やかにクローズ・アップされたのである。

かりに「国史がきらいだった」とか、「歴史には関心がなかった」、さらに「スポーツ以外、何の勉強もしなかった」というような、学校経験の持ち主でも、右の「名文句」だけはどこかで〝聞き〟、記憶の一片にとどまっている人々が少なくないのではあるまいか。——それでいいのだ。それが明治以降の「学校教育」の真価なのである。

江戸時代に「葵《あおい》の御紋」のもった偉力、それをこの「名文句」がになっていた。日本列島から朝鮮、中国大陸や太平洋へ「侵出」していった将兵たちの「基礎教育」の一端となっていた。あの「天皇陛下万歳」と叫んだ思想的背景となっていたのである。

徳川幕府がアメリカや西欧などの先進国に対して「優柔不断」、煮えたか焼いたか分からぬ〝ていたらく〟をしめしていたのに対し、この名文句のしめすところ、天皇家は〝さっそうと〟対等外交、自主国交をしめしていた。それが、明治以降の「王政復古」をなしとげられた天皇家だ。——このイメージが、あの名文句を通じて一般国民に〝浸透〟させられていったのである。

しかし歴史学の専門家や古代史に「知識」のある人々は知っていた。

「この『名文句』をのべたのは、中国側の隋書に出ている多利思北孤（タリシホコ）だ。かれは雞弥（キミ）という奥さんをもっていた。レッキたる男性である。」

と。一方の「推古天皇」の方は、日本書紀に詳しく叙述されているように明白に女性である。

他方の聖徳太子は「摂政」ではあったけれど、「天皇」にはなりえぬまま世を去った。これも日本書紀の推古紀に明記されている。

第一、中国（隋朝）の使者は、この「多利思北孤」と直接会って会話を交わしている。「我聞く、海西に大隋礼義の国ありと。故に遣わして、朝貢せしむ。我は夷人、海隅に僻在して礼義を聞かず。」

と。〝会って〟〝話し合って〟それでも相手を「女と男とまちがえ」たり、「摂政を天子（天皇）とまちがえ」たりするものだろうか。人間の常識では考えられない。

「日本の歴史書だけ信用すればいい。外国の歴史書など相手にするな。」と声高に〝叫んで〟みても、世界の人間の理性は決して「その通り（イエス）」と〝うなずいて〟くれないであろう。

第一、例の「名文句」が出ているのは、外国（唐朝）の歴史書『隋書』だけだ。古事記にも日本書紀にも一切書かれていない。それなのに、この「名文句」（中国からは許し難い「迷文句」）だけを抜き出して、「天皇家の（独立自尊の）イメージ作り」に〝活用〟するとは。――おかしい。アンフェアである。

この一点を、明治・大正・昭和・平成の「百四十余年間」を通じて、歴史学の専門家や、古代史に「知識」ある人たちは、多くの日本国民に対して、〝口をおおいつづけて〟きたのである。

六

今回念願の『俾弥呼《ひみか》』（日本評伝選）がミネルヴァ書房から出版される。本稿が会報に出る頃にはすでに（九月はじめ）公刊される予定である。

「俾弥呼とはだれか」。これは、日本古代史上最大の謎のように言われてきた。しかし、ことの「筋道」をたどってみれば、本来「謎」でも、何でもなかった。魏・西晋朝の歴史官僚（史官）の陳寿の指示したところ、それはきわめて単純にして明快だったのである。――「チクシのヒミカ」だ。

この点今問題の隋書でも、同じである。本来の隋書自体のしめすところ、その「全体の骨格」を、従来の私たちは、全く「見失って」来ていたのである。それは次の「矛盾」だ。

左の二文を比べてみよう。

（A）（大業四年、六〇八）此の後、遂に絶つ。（俀国伝）

（B）（大業六年、六一〇、春正月）乙丑倭国使いを遣わして方物を貢す。（煬帝紀）

（A）の直前の「大業三年（六〇七）」の項に、例の「日出ず（づ）る処の天子」云々の「名文句」が出ている。隋使（裴世清）が俀国に来て俀王に会い、先出の会話を交わしたのが「明年（大業四年）」である。その一段のあと、裴世清の帰国と共に俀王の使者が、隋にやって来て「方物を貢した」旨が記され、その末尾が例の「此の後、遂に絶つ。」なのだ。

くどく再述したけれど、「隋国と俀国との国交」は「大業四年」が最後だった、という点の確認である。だから、従来の（すべての）研究者たちのように、この「俀国伝」を「倭国伝」と書き直してみても、問題は解決しない。いよいよ矛盾は〝増幅〟する。それを「口先」で乗り切ってみても、やはり冒頭から述べてきた、

「男と女は同一人ではあり得ない。」

「摂政と天子（天皇）とは同一人ではありえない。」

この「自明の命題」をデッド・ロックとする他に、道はないのである。

これが明治から平成に至る、「百四十余年」の日本の教科書が共に〝かかえてきた〟「矛盾」の爆弾、一貫した「背理」なのである。

七

国家のもつ「基本任務」の一つが教育である。その教育の中枢にあるもの、それが教科書である。日本の教育の「基本軸」、それは日本史の教科書である。「必須」とか「選択」とか、そんな〝小手先〟の教育技術によって、その本質が変わるわけではない。たとえば、世界史を学べば、「男と女とが同一人である」ことに不思議と思わなくなる、そんな道理はない。可能性は「〇(ゼロ)」である。

もちろん、徳川の「三百年」、将軍様に「忠を尽くす」ことが、「学問」の根本、その到達点とされた。「鎖国」という国策が、その「矛盾」を武士や庶民の「目」から遠ざけてきた。「鎖国」の〝終結〟が同時にそのような、徳川の「学問」を破滅させたのである。

この点、明治以降の「百四十余年」は〝不幸〟だ。なぜなら、「とき」は「鎖国」にあらず、世界の「目」が、この致命的な「背理」、「矛盾の爆弾」をじーっと見つめているからである。そしてやがて「想定外の一大爆発」が日本列島全体を〝おおう〟のを待っているのだ。

国家「公認」の、いわゆる「日本の歴史」が世界の「人間の目」の中で消滅する日は、意外にも、遠い将来ではないかも知れないのである。

二〇一一年八月二十三日早暁　稿了

（「学問論」第二八回、『東京古田会ニュース』第一四〇号、原題「万世一系論」）

第三篇　永遠平和のために

日本批判

第一篇

一

「日本批判」は日本を原点とする世界と人類に対する批判だ。前稿「日本道」〔第二巻『史料批判のまなざし』第三篇参照〕の続編である。いずれも、常識にはじまり、常識に終る。何の他奇もない。けれども、各論者、学者、政治家とも、必ずしもこの立場には立たなかったようである。

しかしわたしは誰人にも遠慮せず、忌憚せず、思うところ、信ずる道すじを率直にのべたいと思う。

二

日本国憲法と原水爆所有との関係、これが本稿の焦点だ。その「存否」をストレートに論じたいのである。以下、何物をも恐れず、わたしの視点をのべよう。

第一、「生体実験」について。

一九四五年（昭和二十）の八月十五日から翌年の四月中旬まで、わたしは広島（市内と周辺部）を歩き続けた。市内の西部、西観音町にわたしの自宅があったのである。

市内には傷者と死体が散乱していた。身体中に「うじ」のわいた人々が断末魔の息をしていた。そのような光景は、日常の〝眺め〟だった。次の日に通ったときには息絶えている人々も多かった。八月六日の「ピカ」（原爆）のあと、両親が避難していた古市（ふるいち。郊外）でも、運びこまれていた人々は「下痢、発熱」の定型をとって次々と息をひきとっていった。治療法はなかった。

広島市の東部に小丘陵があった。比治山である。そこにアメリカ側のＡＢＣＣが設置された。町内会からのすすめで、人々は検査におもむいた。検査はされた。しかし治療らしきものは一切なかった。アメリカ側も「原爆被爆者に関する知識」が皆無だった。それゆえ「投下後」において、その、人間の実態の「検査試料」を求めたのだった。

アメリカ軍にとって今回の八月六日の投下は、文字通り「生体実験」だったのである。

三

第二、「原水爆の所有資格」について。

周知の格言がある。「ハンムラビ法典」だ。「目には目を、歯には歯を。」と。通例、執拗な復讐の掟のように見られているけれど、わたしはちがうと思う。

豊穣なチグリス・ユーフラテス川流域では、次々と「征服者」が交替した。新しい支配者は、旧支配者に対して、二倍・三倍の報復をした。これに対して法典では「目には目を」そして「歯には歯を」と言い、〝うけた被害と同等の復讐にとどめよ。〟として、「報復の自制」を求めたのである。法典は、その時点における「理性の表現」であった。

ともあれ、現在の国家において「原爆の被害」をうけた国家は、ただ一つ。日本のみだ。だとすれば、右のような「理性の表現」に従っても、唯一、原水爆の所有資格をもつ国家、それは日本のみである。

この自明の一点を、わたしは本稿の出発点とする。

四

第三、「国際連合の設立目的」について。

右は、論理だ。では、現実のテーマとして「日本は原水爆をもつべきか否か」という問いを立てるべきか。わたしは「否（ノウ）」だ。なぜなら、その「問いの立て方」そのものが「空理空論」に属するからである。

国際連合の設立目的を考えてみよう。

国際連合憲章は一九四五年六月二十六日、アメリカのサンフランシスコで署名された。その効力が発生したのは一九四五年十月二十四日である。

この間の一九四五年の八月六日に広島、八月九日に長崎、原爆が投下された。それは右の署名と効力発生の〝さなか〟だ。憲章作成の当事者と原爆投下の当事者は同一のアメリカである。その「実権」をにぎる理事国五ヶ国は、第二次世界大戦の勝利者だ。

敗戦国の日本は八月十五日に「敗戦の日」を迎えた。国際的には九月二日がその日とされる。いずれにせよ、それが右の署名と効力発生の「中」にある。

このような「時間の経過」から見れば、国際連合成立のための〝もっとも重大なテーマ〟として、この「原水爆問題」の存在したこと、疑う余地がない。

その「実在的痕跡」が有名な「敵国条項」だ。それは第十七章「安全保障の過渡的規定」の第百七条を中核としている。

「この憲章のいかなる規定も、第二次世界戦争中にこの憲章の署名国の敵であった国に関する行動でその行動について責任を有する政府がこの戦争の結果としてとり又は許可したものを無効にし、又は排除するものではない。」

右はしめしている。アメリカやその同盟国側の行動、なかんずく「原爆の生産と使用」が永遠に「免責」されるべきことを。

確かに、一九五六年十二月十八日に日本が加入し、十二月十九日に日本国によって公布された（条約二十六号）、百十一条全体においては「原爆」の一語は全く出現しない。皆無である。

しかしそれゆえに、国際連合と原爆には関係なし、と称する論者があるならば、全く「否（ノウ）」だ。あたかも、敗戦後の日本で作られた、いわゆる「新憲法」の中に、「アメリカ」や「マッカーサー元帥」などの「用語」なきを根拠とし、「新憲法の成立には、アメリカやマッカーサー元帥は無関係であった」と称するような、将来の〝愚かな〟論者と同一である。

五

わたしが東北大学の学生だったとき、仙台から広島へ帰る途中、東北本線の車中で外国の青年と相対していた。ドイツ人だった。四人掛けだったから、車中で会話が生れるのは常だった。彼は言った。

「日本には原爆が落とされましたが、たとえもっと早く完成していても、ドイツには落とさなかったと思います。」

と。その理由は、こうだ。アメリカの合衆国民には、ドイツからの移民が少なくない。すなわち、その祖先、それも父母や祖父母や親戚がドイツには多い。そこへ原爆を落とすことは、その後の影響や種々の問題点が起きることを考えれば、

「到底、落とすという〝決断〟はつかなかったと思います。」

それが彼の意見だった。その種の「計画」や「企画」のあったことは、百も承知の口振りだった。歴史に「イフ（if）」は禁物だ。ましてこれだけ重要なテーマに対して、みだりに「憶測」をもちこむべきではない。しかし、この〝名も知らぬ〟青年の言葉はわたしの記憶に深くとどまっている。

六

この国際連合憲章とは〝別種〟の存在、それは「核拡散防止条約」（通称「核不拡散条約」NPT〈Nuclear Non-Proliferation Treaty〉）だ。もちろん関係はある。「ある」どころではない。この条約は、国際連

合の憲章に〝基づく〟とも言いえよう。けれども、反面、重要な「差異」がある。この条約自身には「敵国条項」はないのだ。

一九六八年調印、一九七〇年発効。日本国は一九七〇年（昭和四十五年）に調印し、一九七六年に批准した。この間、わたしにとっては『「邪馬台国」はなかった』（一九七一年）、『失われた九州王朝』（一九七三年）、『盗まれた神話』（一九七五年）と、各種文庫本を経て今年（二〇〇九年）「改版」される（ミネルヴァ書房刊〔実際の刊行は二〇一〇年となった〕）初期三部作（朝日新聞社刊）が出そろった〝直後〟だった。

「核兵器保有国の増加を防止し、保有国が非保有国に核爆発装置や核分裂物質を提供せず、非保有国が取得しないことを目的とする条約。」（広辞苑、第六版）

今、わたしたち、世界の各国はこの条約発効後、四十年の歳月を経てきたのである。

七

その間に変遷があった。

一九七四年に「平和目的核実験」としてインドが核保有を実現した。五月十八日である。対して、パキスタンは七〇年代以降、核爆弾保有に向い、九八年五月、五回の核実験を行った。

この間、多くの軍縮に関する国際決議や国際条約が結ばれた。けれども北朝鮮は一九九三年三月十二日、ピョンヤンでＮＰＴ（核兵器不拡散条約）からの脱退声明を発表している。

そして、

①「朝鮮半島の核問題を巡る六ヶ国協議」開始のための「合意」がなされたのが、二〇〇五年九月十

九日。

②その実行の初期行動の「合意」がなされたのは、二〇〇七年二月十三日であった。

この「六ヶ国」とは、韓国、朝鮮民主主義人民共和国（北朝鮮）、日本、米国、中国、ロシアだ。場所はいずれも北京の釣魚台国賓館である。それ以降、ほぼ今日に至っていること、周知のようだ。

だが、この間、北朝鮮はミサイル発射実験（二〇〇六年七月五日）、核実験（二〇〇六年十月九日）と相次いで実行したのである。

八

軍縮、非核等の問題に関する研究や著作は数多い。しかし今は、それらには必ずしも〝頓着〟することなく、率直にわたし自身の考えを述べてみよう。

北朝鮮に対して、これを「横紙破り」の「無法国家」そのようにイメージしている日本国民は数少なくないのではあるまいか。しかし、わたしの見地は、ちがう。

一つ、ひとつの歴史的経緯を追跡してみると、意外にも、あるいは当然にも、北朝鮮の「立場」と「思推」と「行動」は、一本の〝すじ〟が通っているのだ。一定の「道理」をもっているのである。

これを簡潔に列記してみよう。

第一、国際連合は「敵国条項」のしめすように、第二次世界大戦の戦勝国を〝主体〟とする組織である。その中核をなす五ヶ国が理事国として実権をにぎっていること、先述のようである。

第二、原爆所有に関しても、右の五ヶ国にその権利を認め、敗戦国たるドイツ・イタリア・日本にはそれを認めていない。

第三、これに対し、北朝鮮は敗戦国ではない。確かに敗戦した「大日本帝国」の一部とされていた領域に属したけれども、それは「不法」であり、独立を果した。

第四、北朝鮮の建国の父、金日成はソ連軍の将校であったと言われるが、当のソ連は戦勝国となった。

第五、さらに金日成は白頭山を拠点として日本軍と戦ったとされる。その「戦勝」の結果、建国を果した。いずれにせよ、敗戦国たる「大日本帝国」の後継者ではないこと、一点の疑いもない。

第六、従って金日成将軍が創建し、金正日が受け継いだ北朝鮮が、原爆を所有し、保持すべき権利をもつこと、当然である。

九

右はまことに「明白な論理」であるけれども、さらに次の状況が存在する。

その一、国際連合は本来「敵国」に対して作られたものであるけれど、その「敵国」中でも「被爆国」は日本国だけである。従って国際連合の〝作り手〟(作製当事国)のアメリカは、日本国の「将来の報復」を恐れ、その「禁圧」を以て〝最大の焦点〟としていた。もちろん、五ヶ国の理事国はこの肝心の一事を熟知していたのである。

その二、この点、五ヶ国以外で、もっとも「日本国の原水爆所有」を恐れていたのは、他ではない、北朝鮮である。なぜなら、もっとも日本国に〝敵対〟する立場に立っている上、地理的にも近接した存在であるためだ。

その三、その上、事実を事実として認識する上で、「肝心の欠落」がある。実態の認識だ。それは、「日本軍は見事に戦い、忽然と消え去った。」

この事実である。たとえば、マレー沖の海戦、たとえば真珠湾の攻撃、たとえば特攻隊攻撃等、前編でのべたように批議すべき点は当然存在するけれども、それぞれの「当時点」においては、瞠目すべき〝成果〟であったこと、疑いがない。

その四、この点を熟知するのは、当の「敵対国」であったアメリカである。たとえば、アメリカ側が「提供」し、「認知」した、日本の新憲法の背景には、この認識がある。有名な「九条」はその実態において、

「圧倒的なアメリカ軍の下で、〝軍事力なき〟日本」

をしめしていること、世界に周知である。現在においても、〝軍事力なき〟が〝補助部隊としての〟と「改められた」にすぎない。

立場上、九条の「前例」として日本側の人々（幣原《しではら》喜重郎や鈴木安蔵等）にこれを求める論者もあるけれど、それを「採用」し、「利用」したのがアメリカ側、マッカーサーの占領権力であったこと、およそ疑いがない。

このような「異例の措置」の背景には、アメリカ側の熟知する「戦争中の日本軍の戦い方と消え方」の存在すること、決して見のがすことはできない。

その五、この問題について注目すべき点がある。アメリカ側の「占領方針」だ。右の事実を熟知するがゆえに、逆に「日本軍に対する、侮蔑宣伝」が徹底的に行われた。日本軍の行為や戦い方、その他あらゆる点において、その「無能」や「馬鹿馬鹿しさ」を〝宣伝し抜いた〟のである。その効果は、現在

にも及んでいる。

その六、しかし、北朝鮮はそのような「洗脳」の外にある。日本帝国主義批判の声は絶えずくりかえされるけれど、日本国の実力、そして旧日本軍の〝手ごわさ〟に対しては全く錯覚をもっていない。これは金日成が敵対した、当の将軍であったから、当然なのである。

その七、かえってアメリカ側の学者や政治家などから、時として「日本国家の原爆保持容認論」または「予測論」が出されている（第四篇二七五ページ〈β〉のブレジンスキー、キッシンジャー、マケイン等の発言参照）のに対し、北朝鮮は決して「無関心」ではないと思う。なぜなら、数千発の核弾頭をもつアメリカにとっては、日本が若干の「核」を所持し、保有したとしても、脅威とはならず、かえって「補助部隊の一」とみなすこともできようが、北朝鮮にとっては（核不保持の場合）決して「無関心」ではありえず、まぎれもなき脅威だからである。

その八、その上、第二次世界大戦の「戦勝国」ではない、インドやパキスタンすら、「原水爆所有者」となったのであるから、北朝鮮がその所有者、そして保持者となることを拒むべき道理は全くない。

これが北朝鮮の立場だ。その論理なのである。わたしには、そう見える。そうとしか見えないのである。

十

以上の道理を熟知しているのは、「六ヶ国」だ。あるいは、日本国以外の「五ヶ国」と言ってもいい。従ってこの「六ヶ国の合議」の場の真の「合議の焦点」は、北朝鮮の「核弾頭所有」問題ではない。

道理だ。

「日本国の所有」問題なのである。この点、右にのべた「北朝鮮の立場」から見れば、それこそ自明の

だが、世界の報道は、この一点を「焦点」としては報じなかった。なかんずく、日本の報道では「皆無」に近かったのではないか。ことに政治家や各メディアは、これを「自粛」した。〝論議はしてもいい。〟といった一種微温的な発言すら「排除」されたからである。その「場」から〝追われる〟のだ。

だが、この「六ヶ国協議」に対する、決定的な一言を有するのは、日本の首相だ。

「北朝鮮が核弾頭を有するならば、日本も、持つ。」

と。しかし、この一言は決して発せられることはないであろう。国際連合と核不拡散条約の存在する限り、これもまた一段と「自明の道理」なのである。

北朝鮮は、この「自明の道理」を熟知する、いわば筆頭の立場だ。だからこそみずから「核弾頭」をもち、「ミサイル」を発射した。その目的は、アメリカだ。アメリカに対して「国際連合」の憲章通り、「敵国」の日本の「原爆所有を押さえこむ」ことを忘れるな、一部の学者や政治家の「無責任な意見」に動かされることのないように。——そのための「勧告」なのだ。その「要請」こそ、北朝鮮の〝かけ引き〟や「ミサイル発射」や「核弾頭所有」にとっての、究極の目的なのである。アメリカももちろん、この一事を熟知している。

十一

では、いかにしたらいいのか。日本の針路いかに。わたしの回答をのべよう。

それは「憲法の改正」だ。その目的は左の条文を「第一条」としてかかげるためである。

「日本国は原水爆の所有を行わず、この原則を永遠に世界各国に伝えつづけることとする。」

もちろん、有名な「九条」は存在する。また、いわゆる「非核三原則」(佐藤内閣)も存在する。しかし、それらはいずれも〝不十分〟なものだ。その上、「自己」が〝誓う〟のみで、他国にもまた、それを要求する形にはなっていない。むしろ、国際連合にも戦勝国の「核所有権」の存在することを知りながら、

「平和を愛する諸国民の公正と信義に信頼して」(新憲法、前文)

などと〝唱えて〟きた。純真な子供が聞けば、直ちに「大人たちはうそをついている。」と叫ぶであろう。ベトナムやパレスチナ、イラクやアフガニスタンとパキスタンなど、世界各地の紛争を見れば、当然だ。後述の「リアリスト外交」(伊藤貫)の理論を待つまでもない。これもまた、三つ目の「自明の道理」だ。わたしたちは「公正と信義」にかこまれているのでは、決してない。むしろ「不公正と不信義」の大洋を進む、眇《びょう》たる小船に等しい。

「自分が裸になって、他人を信頼していれば、すむ。」

残念ながら、そのような世界はいまだこの世に存在しない。それが現実だ。

では、なぜ。今あげたような「新・新憲法」がわが国に必要なのか。正面からそれをのべよう。

十二

周知の第九条は次のようだ。

「日本国民は、正義と秩序を基調とする国際平和を誠実に希求し、国権の発動たる戦争と、武力による威嚇又は武力の行使は、国際紛争を解決する手段としては、永久にこれを放棄する。」

右の文中に「国際紛争を解決する手段としては」の一句を挿入したことによって、〝自衛のための〟「武力による威嚇又は武力の行使」が可能となった、という「挿話（エピソード）」は著名だ。今は世界の「知識ある人々」には、周知の事実である。

ということは、何を意味するか。この憲法のしめすところに限れば、「自衛核の所有は可能」ということだ。国際紛争を解決する手段ではなく、「自衛」のための核保有ならば、決して否定されてはいないのである。

ではなぜ、この「未来憲法」において、冒頭の第一条が必要なのか。それが肝心の一点だ。

十三

現代の世界において、もし「自衛」を名とする武力を所有しようとするとき、「対、原水爆」問題を〝抜き〟にしては、無意味だ。

なぜなら、たとえ「百万の自衛軍」をもっていたとしても、「一発の原水爆とその運搬力（ミサイル）」を〝防ぐ力〟とはなりえないからである。

従って「原水爆を防ぐ力」を〝抜き〟にした「自衛隊」など、しょせん「言葉の遊戯」に類する。現実の意味をもたないのだ。

従って「原水爆に対する研究」と「原水爆を防ぐための研究と科学力」の所有は、およそ不可欠なのである。

「国際平和を誠実に希求するため」と称して、右の最大重要テーマから「目をそむける」ことは許されない。国家の、もっとも重要な国事怠慢である。

けれども、ここにおいて「画すべき一線」がある。「原水爆に対する研究」（A）と「原水爆を使用するための研究」（B）との区別、否、峻別すべき立場の宣明である。すなわち、日本国の立場は、右の「B」にあらず、「A」であること、それを全世界と人類の前に誓約するための第一条の新設なのである。

しかも、この第一条には「改正規定」がない。そういう一条としなければならない。「革命」などによる以外、合法的な「憲法改正」の道は全く絶たれている。そういう第一条なのである。

十四

この点、いわゆる「非核三原則」の場合、その「不備」は明白だ。アメリカの艦船が日本に寄港する場合、「原子核」を所有していることは常識だ。それでなければ、おなじく原子核を数百発も所有する中国大陸からの「射程範囲」に〝遊泳〟することは不可能だ。言うまでもない。

何回ものべたように、国際連合はアメリカなどの戦勝国側の原水爆所有を「守る」ための組織ではあっても、「禁ずる」ための組織ではない。その一加盟国、しかも「敵国条項」の中の日本国が、一時期の一総理大臣の「公約」ならぬ「（一国の）私約」によって〝乗り越えうる〟はずはない。すべては「建て前」、ことに「日本国民」に対する「建て前」にすぎない。〝うまい建て前〟ではあっても、「建て前」のために、一身を投げうつ日本国民は生じがたい。「建て前」のために〝投げうつ〟には、人間のいのちはあまりにも尊いのである。

第二篇

一

再び、筆を返し、北朝鮮の「自明の道理」に対する批判を行わせていただこう。

先述のように、北朝鮮側の「歴史的経緯《けいい》」に対する理解とその上に立つ方針は、きわめて〝リーズナブル〟だ。道理が通っているのである。それゆえ、そのためにこそ、地球上の全世界の国々にとってもまた、「無上の先範」となりうるのである。

もちろん、北朝鮮自身は自己を以て「戦勝国」の一端と考え、その立場から「主体」的に、自己の論理を樹立しているのであろう。

しかし、すでに「戦勝国」とは言いえぬインドやパキスタンもまた「核弾頭」を所有し、「核実験」を行った。そしてアメリカや国際連合の国々も、これを「承認」もしくは「黙認」している。

北朝鮮はこれらの国々、たとえばインドに比べれば、はるかに「小国」だ。だが、その「小国」が「核弾頭」や「ミサイル」を所有し、これを国際連合の各国が「承認」もしくは「黙認」したとすれば、もはや他のどの国が〝遠慮〟する必要があろう。それぞれ、さまざまな政治状況や経済的困難があったにせよ、やはり北朝鮮のように、その所有によって国際的に「有利」な位置を占めうるとすれば、結局、その〝行く末〟は明白だ。全世界の津々浦々の、すべての国々が、大・中・小国のいかんを問わず「核弾頭」と「ミサイル」をもつ。そういう〝理想状態〟に到り着くまで、すべての進行はとまらない。論理は冷徹に自己貫徹するまで、停止することは決してありえないのである。

二

それだけではない。

全世界の津々浦々の国々、大・中・小の各国が「核弾頭」と「ミサイル」を所有するとき、国家だけでなく、いわゆる「ゲリラ」もまた、それを「所有」し、「保持」する日を〝予想〟するのは、無理だろうか。否、わたしには〝予想しない〟方が無理だと思われるのである。

たとえば、今問題とされている、ソマリア沖の海賊なるものも、二回、五回と撃退されたにせよ、十回、二十回目には「核弾頭」と「ミサイル」をもった「海賊」として立ち現われる日は、果してありえないと断言できるだろうか。わたしはそれほど楽観主義者となることができない。むしろ、永遠に「ありえない」ことの方が〝奇跡〟のように思われるのである。

三

それだけではない。「大量破壊兵器の存在」を〝名〟として、イラク国家を攻撃したアメリカ軍が、やがてアフガニスタンへと「戦線」を移動させようとしている。そのアフガニスタンはタリバンの支配地であり、アメリカの「九・一一」（二〇〇一年〈平成十三〉）の震源地だから、というのだ。

だが、そのアフガニスタンこそ「二つの原水爆所有国」に囲まれている。インドとパキスタンだ。だとすれば、アメリカが新しく「焦点」におこうとするアフガニスタンが「核とミサイルの所有国」となる可能性も、絶無ではない。否、絶無どころか、アメリカにとって「一番の憂慮」は、その点だったのではないか。その憂慮は、当然。そして不可避の憂慮だ。なぜなら、〝将来の〟ある日、「九・一一」はあらたに「九・一一、八・六」として「再生」するかもしれない。もちろん、「八・六」は広島への原爆投下の日である。新たな「九・一一」は単なる「再現」にあらず、「核弾頭の投下」をともなう形での「新生」となる、その可能性が高いのである。

これが現在の「国際連合」のあり方、北朝鮮の道理のさししめす地球の未来だ。人類を待ちうけている運命なのである。それが何十年あとか、あるいは何万年あとか、地球や宇宙の存続時間に比べれば、論ずるに足りない。些事である。

第三篇

一

日本国は唯一の被爆国家である。それゆえ唯一つの原水爆所有権を持つ。果敢に戦って忽然と消えた、光栄ある日本軍の産出母体である。それゆえアメリカをふくむ五大国、そして北朝鮮など、日本国の

「原水爆所有」を恐れている。

　アメリカは、いわゆる「新憲法」を日本に与え、「名」を独立国、「実」を属国として「定置」しようとした。しかしアメリカ独立の時の名著、ペインの『コモンセンス』が明記するように、「他国は他国」であり、決して「自国を犠牲としてまで他国を守る」ことはありえない。これこそ根源をなす「自明の道理」である。

　では、日本の生きるべき道は何か。

　わたしは、日本には日本の、天の与えた使命がある、と思う。短慮のリーダーによって「開始」された戦争、そのための必然の「敗戦」とみえているけれど、そこには天が日本国に与えた、日本国の使命がある。

――わたしはそう信ずる。それは何か。

「人類の未来を救う。」

という、無上の使命だ。「核兵器の所有」を永遠に禁じながら、「核兵器を防ぐ研究」に全力をそそぎ抜く。自然科学の未来を信ずるのである。そのための、唯一の光栄ある国家なのだ。

二

　ハッキリ言わせてもらおう。

「アメリカはアインシュタインを裏切った国家」

である。なぜなら、アインシュタインが最初ルーズベルト大統領に「原水爆の製造」をすすめたとき、それは決して「日本に投下するため」ではなかった。ひたすら、ユダヤ人を「虐殺」しつづけていた、ドイツのナチスに対する「予防策」であった。

しかし、いったん「原水爆を所有した」アメリカの軍部は、これを日本へと「転用」した。広島と長崎だ。これに対する「アメリカの弁明」がある。

第一に、真珠湾の先制攻撃。第二に原爆使用による「アメリカ軍兵士の本土上陸による死者の出現の防止」そして「そのさいの日本側の死者の救済」などである。不当だ。なぜなら、第一の理由に立てば、アメリカ軍のイラクに対する先制攻撃は、将来における「アメリカに対する原水爆攻撃」を〝正当化〟することになろう。歴史の記憶は亡びないのである。

第二の理由は、もっと簡単だ。このような「生命の損失計算」によって「原水爆使用」が正当化されうるとしたら、将来のあらゆる「原水爆使用」も、おなじく〝正当化〟されうるのではあるまいか。どの場合でも、「想定されうる、他のケース」と比較して、その時点の「原水爆投下の効果」を〝想定〟しうるからである。不確定の「効果計算」にすぎない。要は、恣意的「自己弁護」に尽きる。勝手である。

それらの「弁明」は、現実では「アメリカ」から「日本」に対する弁明にとどまっている。しかし、論理の女神のしめすところ、それはすなわち「地球の未来」を予告する。——その一点を、わたしは本稿において縷々《るる》論証させていただいたのである。

三

見すごされてきたテーマがある。それは「日本国内の朝鮮人・韓国人の存在意義」だ。先述の北朝鮮の論理に立つとき、次の三点が前提となっている。

一に、ロシア。ソ連時代の金日成将軍から、もっとも親密な間がらであり、ロシアになってからも、絶えず北朝鮮を（かげながら）支援してきた。

二に、中国は朝鮮戦争のとき、アメリカのマッカーサー元帥による、圧倒的な「逆転」と「北進」行動に対し、大量の中国軍を動員し、多大の犠牲をはらって北朝鮮を守ってくれた恩誼をもつ。その後の経済支援も、甚大である。

三に、韓国は「同一言語の同一民族」であるから、その韓国を「原水爆投下」の対象とはしがたい。韓国側も、その「信頼感」をもつ。少なくとも、民族感情の底流となっている。

以上は、誰人も知るところだ。だが、反対に指摘されず、論じられていないのは、次の一点だ。

「日本国内には、相当数の朝鮮人と韓国人が存在しているから、日本への原水爆投下は、やりにくい。」

と。これは冒頭にかかげた、ドイツ青年の「意見」にかんがみても、当然である。

すなわち「北朝鮮からの原水爆投下」というテーマに対して、これは一個の「ネック」なのである。いうなれば、この人々は日本国にとっての「国宝」とも言いうる、貴重な存在だ。真の人間国宝である。

日本の被差別問題を観察するとき、その被差別部落の人々が、さらに「朝鮮人差別」を行っている実態にふれて、心から「愕然《がくぜん》」とせざるをえない。とんでもないことだ。この人々こそ、日本国民にとっての貴重な「宝」なのである。

外国にいれば、それなりの「自国とは異なった」種々の法律等の制約がある。また、それは当然「あらねばならぬ」ことであろう。しかし、そのことと、ここにあげた一事とは関係がない。これもまた、「自明の道理」なのである。

国家と言う「人為《じんい》の組織」が国境をもって人間と人種を〝仕切って〟いる現在、この問題は地球のいずこにも存在し、ためにこの問題の貴重さが見失われているところだ。

だが、もちろん、これは絶対条件ではない。日系アメリカ人を有するアメリカが日本国に「原爆投下」を行ったように、一種の相対条件にすぎない。ただ、いわゆる「拉致問題」とは異なり、日本国内に投下する場合、日本人と朝鮮人・韓国人を「差別」しつつ投下することはほとんど不可能なのである。

第四篇

一

最後のテーマに入ろう。

本稿にとって、もっとも強い示唆を与えられた論者がある。伊藤貫氏である。氏は一九五三年生れ、東京大学経済学部卒業後、ワシントンで国際政治・米国金融アナリストとして長期にわたり、勤務している。

ば、

「核をもって核を制する勇気を」（『別冊 正論』Extra. 05）（α）

『中国の「核」が世界を制す』（ＰＨＰ研究所、二〇〇六年刊）（β）

等である。そこには、わたし自身かねて「直観」していた諸点が次々と〝裏書き〟されていた。たとえば、

「しかも米中両国間には一九七二年二月から現在まで、『東アジア地域において、日本にだけは核抑止力を保有させせない。日本の自主防衛政策を阻止するため、米軍は日本の軍事基地に駐留し続ける』という反日的な密約が維持されている。」（α、二九ページ）

これは北京でニクソンとキッシンジャーが周恩来と外交戦略の会談をしたときだという「（この密約の要点を書き留めたニクソンの手書きのメモが残っている）。このときから現在まで、『日本に自主防衛能力を持たせない』という中国政府の方針は不変である。」（β、七八ページ）

さらに中国の軍備増強について、次のようにのべられている。

「中国の周辺には、『核武装した中国を侵略したい』などと考えている国は存在しない。しかし中国は、外敵から脅かされているわけでもないのに、急速で大規模な軍拡プログラムを続行している。中国の指導者はこの大規模な軍拡を正当化しようとして、『中国の国防は、純粋に自衛のためのもの』と繰り返し述べているが、これはもちろん、嘘である。すでに必要十分な核抑止力を備えている中国にとって、純粋に自衛能力を維持するためには、軍事予算を五年ごとに倍増（十五年間で八倍増）するという急速な軍拡は、まったく不必要だからである。」（β、一五八〜五九ページ）

「筆者の唱える『自主的核抑止力』とは、小規模で安価な、必要最小限度の核抑止力のことである。具体的には、小型駆逐艦と小型潜水艦をベースとする核弾頭付き巡航ミサイルを、二〇〇〜三〇〇基配

備することである。

日本の自主防衛には、先制核攻撃に使用できるＩＣＢＭやＳＬＢＭのような長距離弾道ミサイルはいらない。戦略爆撃機や大型空母も不要である。日本は決して他国を侵略・占領することはないから、陸上自衛隊の規模もせいぜい十五万人程度でよい。日本に海兵隊は不要である。」（β、一三三ページ）

いずれも、筆者の主張する「リアリスト派」の立場と、そこからの結論だ。

二

伊藤説に対する、わたしの批判をのべよう。

その一、彼の核問題に対する分析と理解はまことに鋭い。そして正確である。わたしは高く評価する。

その二、しかしその「結論」には「否（ノウ）」だ。なぜなら、すでにのべたように現在の国際連合の性格から見れば、右のような「結論」をアメリカを始めとする五ヶ国の理事国がこのような「日本の主張」を承認することはありえないからだ。

彼等は「インドやパキスタンや北朝鮮」に対してこれを「承認」したとしても、日本国に対しては決して同じことを「承認」しないであろう。アメリカを含む五ヶ国にとっては「見事に戦い、忽然と消えた」日本軍に対する〝記憶〟は決して今も消えていないからだ。

これに対し、「差別」とし、「不道徳」として非難するのは正しい。しかしそれはいずれもはじめから、一九四五年時点から〝判りきった〟ことだ。今さら、そのような非難に〝ひるむ〟ような彼等ではない。わたしはそう信ずる。

その三、しかしながら、このような「五ヶ国の論理」に従うとき、その「論理の帰結」は明らかだ。津々浦々の「大・中・小」すべての国々の「核弾頭とミサイル所有」である。

その四、その帰結は、すなわち「九・一一、八・六」の到来だ。早晩、不可避である。

その五、このような「圧倒的な趨勢《すうせい》」に反し、日本国は「未来憲法」の第一条を決然とそして断乎として宣言し、人類の未来への希望となるべきだ。そして津々浦々の「中・小」の国家群に対し、日本国の「未来憲法」に準ずべきを常に勧告し、深く称揚するのである。

地球の未来の「選択」はいずれであろうか、それによってのみ人類の運命が決定されよう。

三

そのさい、不可欠のテーマがある。

第一、日本国は、アインシュタインを〝裏切らぬ〟ことを宣明した、唯一の国家となろう。

第二、日本国の「自衛隊」(「自衛軍」と呼んでも、可)は世界で唯一の、光栄ある青年、そしてそのリーダーによって構成されている。科学者の「良心」を〝裏切らぬ〟ことを、明確に宣言した国家の「軍隊」だからだ。いかなる、他国家の将兵よりも、高位の輝かしい名誉が国家によって堅く保証されねばならない。

四

最後の第三の提言。

それは「原水爆を防ぐための学問」に対して、国家が全力を傾注し、その研究者を、理科系と文科系とを問わず、常時優遇し抜くことだ。

明治政府は、外国（イギリスなど）から「借金」をした中で、陸士・海兵と共に高等師範の青年たちに「高給」を支払っていた。わたしの父親は広島高等師範の学生時代、その「高給」によって自分の多くの弟妹たちに対して絶えず「仕送り」をしていたのである。

現代の日本国は、国内に多くの「資金」を保留している、という。国外の国々（たとえばサウジアラビア等）から多大の「借金」をしてでも、青年たちの教育と研究のためにあえて「高額」を今、支出すべきだ。経済上、〝目先の合理性〟を求めるのが、国家という存在の任務ではない。国家と会社とはおのずからその任務のあり方を異にするのである。

青年たちの教育と研究のために〝目玉の飛び出る〟ような「出費」を惜しまない。それが真の国家だ。明治国家はそれを志していた。

五

たとえば、「立身出世」主義。これは明治国家のかかげた、すばらしいスローガンだった。江戸時代のような「身分社会」では望みえぬところだった。だから、国民は感激し、明治という「国家」のために、青年はいのちを惜しまなかったのである。

しかし、その真実は別にあった。当然「国民の知的レベルを上げ、国家自身の〝立身出世〟をはかるため」だった。いわゆる「立身出世」のイデオロギーは、〝分りやすい手段〟、もっと言えば、「口実」だったのである。

後につづく人々、特に敗戦後の日本国はこの肝心の真相を忘却した。本当に、「個々の人々」のために「奨学金を出す」ものであるかのように〝錯覚〟したのである。ために、国家が奨学金を「貸し出し」て、やがて（彼等が社会人になったら）これを〝取り立てる〟こととした。国家は一個の「金貸し業者」へと〝変身〟したのである。誰が「金貸し業者」のために、いのちを投げうつものか。そんな青年など、一人もいないであろう。

それどころか、そのような国家や社会に絶望し、文字通りの「いのちを投げうつ」青年や中年や老人があとを絶たぬ、「自殺大国」の日本となり果ててしまった。国家のいのち、その本質に対する「一大錯覚」にもとづくものだ。

言うも愚かだ。「オーバードクター」などと呼ばれ、研究途次の青年たちを、社会の中に〝ほうり出して〟かえりみない。そんな国家は、某国の某権力者が「予告」したように、「二十年あとに消滅する」どころか、今たちまちに消滅してほしい。それが心からのわたしの願いだ。

しかし、わたしは信ずる。天が日本国に対し、この敗戦を与え、これほどの「差別」と「不名誉」をおしつけていること、その真意は必ず他にあることを。

「坂の上の雲」というフレーズがあった。明治の青年たちの「夢」をシンボライズした言葉だとされる。しかし、「坂」など、日本列島中、いくらでもある。どの坂でも、頂上までは、しょせんわずかだ。ヨーロッパに追いつく。それだけの〝ささやかな〟夢にすぎなかった。

今は、世界が病んでいる。金融第一主義が世界不況へと突入していったように、核爆弾第一主義は、不可避的に「九・一一、八・六」の日へ向い、その道をひたむきに今突きすすんでいる。

わたしたちはこれに対してハッキリと「否（ノウ）」と言う。それが人類にとって残された、唯一の希望である。富士山の頂上に登り、その上の天をゆび指《さ》す人々、それがこれからの日本国の青年だ。「自殺」などしているひまはないのである。

新大統領を迎えたアメリカ合衆国のメガーズ博士（女史）と故エヴァンズ博士との夫妻に対し、心からなる深い敬意をもって本稿をささげさせていただきたい。

二〇〇九年二月二十六日早朝　稿了

（「学問論」第一三回、『東京古田会ニュース』第一二五号）

日本車（にほんしゃ・和訓ひのもとぐるま）

一

前回、原水爆を論じた。この「凶器」と人類の未来との関係だ。そして日本国が与えられた「無二の使命」への検証だった。

今回は筆を転じ、多くの人々にとって未知の、ささやかな一挿話（エピソード）について語りたい。それは「広島を脱出した、一台の大八車」の存在である。

時は、五月。一九四五年（昭和二十）の初夏だ。彼は、無理矢理、父親を説き伏せ、広島市内、東側の比治山のふもとにあった平塚の自宅から、逆に、西の郊外に当る、廿日市へと向った。廿日市は広島と宮島の中間の地点である。

彼の行動の目的は、一つ。迫り来る「原爆投下」を避けるため。ただそのための必死の脱出だった。

果して三ヶ月後、八月六日の朝、ピカ（原爆）は広島の上空で爆発した。

わたしが宮城県から、勤労動員を終えて広島に着いたのは、八月十五日。敗戦の日だった。仙台より北陸廻りで、松江（島根県）から広島へ向った。そして西のすみの己斐《こひ》駅（現在は西広島駅）に降り立ったとき、茫然《ぼうぜん》とした。眼の前に、何もなかった。東のはしの比治山まで、一切が〝消え〟ていたのである。

彼の自宅のあった、平塚もまた、その中にあった。

二

彼とは、水田泰次君。旧制広島高校で同学年だった。だが、彼は理甲2（英語）、わたしは文乙（ドイツ語）、直接の交友はなかった。わたしが東北大学の法文学部、日本思想史科へ進んだとき、彼は京都大学の工学部、冶金学科へ入ったのだった。一九四五年の四月、敗戦の年である。

五月、彼は恩師の西村英雄教授に呼ばれた。研究室には湯川秀樹教授も、同室しておられたという。日本人として初のノーベル物理学賞を受賞したのは、一九四九年。このときより四年あとだ。だが、一九三三年（昭和八）四月、東北大学で行われた日本数学物理学会の年会において研究発表した「核内電子について」以来、世界の理論物理学会の俊秀として、アインシュタインたちとも学者としての交流を重ねていた。

西村教授の専門は冶金だから、理論物理学ではなかったけれど、湯川さんとは旧制三高時代以来の親友だったという。西村教授は彼に言った。

「君は広島だったね。」

「そうです。」

「今度、アメリカで原子爆弾ができた。それを投下する場所は、広島だという。君の家族がいるなら、避難した方がいい。」

驚いた。しかし、彼も理系の学生だから、原子爆弾が何物か、その威力はすでに知っていた。教授は言った。

「京都にも落とす案があったけれど、それは変えられ、広島に投下することとなったようだ。」

そばの湯川さんはこのニュースに対して、やや懐疑的のように見えた。湯川さんの研究室にも、旧制広高の先輩、森一久さんがいたけれど、湯川さんからの「話」はなかったという。わたしたちより、一期上の「理甲3（英語）」一九四四年（昭和十九）四月、京都大学理学部物理に入っていた。

ニュースは、アメリカのシカゴ大学の学者グループの中から、西村教授にもたらされたようだ。

三

以上、わたしがこれを直接彼から電話で聞いたのは、今年（二〇〇九）の四月十四日と翌日だった。はじめ、彼の自宅（茨木市）、のち、彼の会社（福井市白方町の大阪合金工業所）に電話し、彼の方からの応答があった。十四日には、京都に来ていた彼と話し、より詳しくは、翌日、福井へ行っていた彼から聞いたのである。

彼の語るエピソード、その「脱出譚」はすでに知っていた。本人が同窓会誌に書いていたからである。『廣高と原爆――被爆五五年・回想と追悼』（廣島高等学校同窓有志の会、二〇〇〇年八月一日発行）その全文を再録する。

「広島で原爆テスト――極秘情報――

昭和六十三年十月付廣高部史委員会発行の廣島高等学校排球部史――『われらの青春、皆実が原』――に左記出稿をしたことを思い出しました。

〝広島の原爆投下は昭和二十年八月六日で、当時小生は京大・工・冶金の学生でしたが、四月に入学して、五月に冶金の教室主任教授の西村英雄先生に呼び出され、広島市内に住居があり、親の居る冶金の学生が小生一人だけなので、内密に情報を教えて頂きました。米国の学会から秘密裡にニュースが先生に送られ、当時原爆製作を競争していた日本より先に、米国が成功し、その第一回現地テストを広島で行う予定が決まったから、出来るだけ早く親を疎開させなさいということです。早速帰広し、特高警察等の関係のため、誰にも話すことが出来ないまま、父を無理矢理、理由も言わずに、廿日市まで大八車で、家財を積んで疎開させたものです。〟

終戦から四十年以上経過していたため、始めて打ち明けた事実ですが、原爆死没者に対して、今更乍ら複雑な心境であることは、五十年以上たった現在でも変りありません。此の本が発行されて暫くして、朝日新聞広島支社の某記者より電話があり、此の内容が本当かどうかを証明する第三者が居るかどうかの質問があった。早速、京大の湯川教授と西村教授の御子息に、その情報を生前、御尊父より聞いて居られるかどうか尋ねたところ、一切その話は無かったとの返事が来て、その真偽は証明できないようになっています。併し、湯川教授から、生前に小生が聞いた話では、先生が戦後訪米された折、アインシュタイン博士と会われた際、アインシュタイン博士が、日本の広島の方々に大変な御迷惑をかけたと、重々詫《わ》びて居られたそうです。科学者が研究熱心のあまり、善悪の判断は出来ませんが、結果として我々人類に多大の罪悪を行ったことに対する、良心の呵責は相当なものだと信じます。

原爆投下の八月六日に大学に行ったら、早速、教授室に呼ばれて、すぐ広島に帰る様、西村先生から勧められました。当時、急行といっても、大変遅い列車に乗って、翌朝向洋（東洋工業前）の駅でストップ。そこからてくてくと広島市内に入って、大変な惨状を目撃しました。古い皮靴は破れて、捨てて裸足で、市内を抜けて（もうその時は、どの川も死骸で一ぱいでした）廿日市まで無事帰ることが出来たと記憶しています。

書くべきか、書かざるべきか、大変迷いましたが、中学時代お世話になった松浦先生のお顔を思い出し、寄稿さして頂き、原爆死歿《ママ》者の冥福を改めてお祈りする次第です。（茨木市在住）」

以上だ。

四

水田君の文章は明晰、そして平明だ。だが、その内容の〝意外さ〟のため、右の文中にもあるように、各メディアも〝裏づけ〟に苦しみ、一般の国民あての「報道」とはならなかったようである。

けれども、今回、新たな展望が開けた。わたしの前稿を見た藤沢徹さん（「東京古田会」会長）から、次の本を知らせていただいたのである。

『世界を不幸にする原爆カード――ヒロシマ・ナガサキが歴史を変えた』金子敦郎著（明石書店、二〇〇七年七月刊）。

金子氏は一九三五年生れ、一九五八年東大文学部西洋史科卒の方だが、一九八五年夏、共同通信社のワシントン支局長として、在ワシントンの科学者、ジャーナリストの協力をえて、支局の六人の記者とともに、原爆開発から投下にいたる米政府の内部資料や関係者の日記類など約二百点、千ページに上る文書を米国立公文書館などから入手して、三部二十六回にわたる連載記事を作った。これが本書成立の背景だった。

五

本稿にとって必要な「経過」を簡明に列記しよう。

第一、第二次世界大戦開始直前、一九三八年十二月、ベルリンのカイザー・ウイルヘルム化学《ママ》研究所で「核分裂」の理論が発見された。オットー・ハーンとフリッツ・シュトラスマンの二人だった。ドイツの科学雑誌に両名の報告が送られた。

第二、オーストリア生まれのユダヤ人であるマイトナーは、ユダヤ人迫害を避けてスウェーデンに移住していたが、ハーンの手紙でこれを知った。

第三、彼の甥の物理学者、オットー・フリッシュはコペンハーゲンのニールス・ボーア研究所へ移っていたが、右の「核分裂」の連鎖反応から巨大なエネルギーをもつ爆弾（原子爆弾）が作れることを推論した。

第四、同じころコロンビア大学のE・フェルミとL・シラード、そしてパリのジョリオ・キュリー夫妻（キュリー夫人の娘と娘婿）がそれぞれ同一テーマの論文を雑誌に送った。

第五、翌年（一九三九）九月、ドイツはポーランド攻撃をはじめ、第二次大戦が始まった。

第六、シラードたちはナチスが原爆を完成させるのを恐れ、それに先んじて米国が原爆を開発してこれを「予防」することを求めた。しかし、米軍当局者からははかばかしい反応なく、同じく亡命のユダヤ人研究者として著名だったアインシュタインに「橋渡し」を頼んだ。

第七、アインシュタインは三人から話をよく聞いた上で、その趣旨に賛同し、アメリカ大統領、ルーズベルトあての手紙に署名した。

第八、ルーズベルトは「アインシュタインの手紙」を読み、「ナチスにわが国を爆破させないようにすることだね」と（側近のアレキサンダー・サックスに）言い、補佐官に対して「これはすぐ行動に移すように」と命じた。第二次大戦の始まった四十日あと「十月十一日」のことだった。

第九、「アインシュタインの手紙」の三年あと（一九四一年）の十二月、日本軍がハワイの真珠湾を攻撃し、いわゆる「太平洋戦争」がはじまった。

第十、一九四四年九月、チャーチルとルーズベルト、原爆の対日使用と戦後の独占で合意（ハイドパーク覚書）。

第十一、一九四五年八月六日、広島へ原爆投下。

右の間において、マンハッタン計画の中心的役割をになった亡命科学者シラードは、再びアインシュタイン博士を通じて「原爆反対」の訴えを大統領府（ルーズベルト死亡後はトルーマン）へ伝えようとした。しかし、直接会うことができなかった。

六

すでに「原爆の広島投下」は決定されていた。

一九四五年の四月二十七日、原爆投下目標選定委員会の第一回会議が開かれた。そこでは空軍爆撃司令部作製の通常爆弾による爆撃目標三十三ヶ所が示され、このうちの最初に、

「広島はまだ無傷なので、最優先目標として検討されるべきである。」

とされていた（一〇二ページ）。

なお、五月一〇日〜一一日、第二回、同二十八日、第三回と、三回にわたる〝しぼりこみ〟が行われたけれど、もちろん基本方針は第一回にしめされていた。

シカゴ大学のグループから、西村教授へ「ニュース」が〝流され〟たのは、この四月二十七日の直後の「時期」だったのである。

七

はじめ、わたしたちは疑った。

「八月六日の原爆投下の、三ヶ月も前に、なぜ水田君の大八車は広島を脱出できたのか。」

と。それは一九三九年から四五年までの経緯を知らなかったからである。ナチスに対する「予防策」としての科学者たちの提案、それを「ドイツから日本へ」と目標を〝変え〟た軍部と政治家、これにたいする科学者たちの反発の〝濃密な年月〟の実態を知らなかったからである。その頂点が、一九四五年の五月、その前後だった。その「とき」に、シカゴ大学の研究者グループから日本の西村教授に「ニュース」は流れた。その「ニュース」がいかなる方法で〝伝達〟されたか、今も、水田君には不明である。

しかし、一台の大八車が広島市内から脱出し、郊外の廿日市へ向ったことは事実だ。なぜなら、彼が

それを書いたのは、一九八八年（昭和六十三）。例の米国国立公文書館などの「未公開文書の公開」以前だったからである。もちろん、今回の同書刊行（一昨年）以前だ。

すでにわたしたちは、彼の「脱出行」の事実性に対して、これを疑うことができない。

八

人は問うかもしれない。

「今さら、そんなことを言って、どうなる。たった一人の父親を救い出した、というだけ。何十万もの原爆の被害者に比べて、あまりにも、ささやかだ。」

それに、

「もう、過去の話ではないか。」

そういう反応もあろう。それが大方《おおかた》の声かもしれない。

しかし、わたしは「否（ノウ）」だ。ちがう、と思う。これは「未来」の話なのである。――なぜか。

この「たった一人の救出譚」に秘められている真実、それは「科学者の反乱」だ。グループの、あるいはその中の一人の科学者が、祖国の命令、組織の意思に〝反し〟て、決然と行った「違法行為」なのである。その結実だ。

もちろん、現実に救出できたのは、一人だけだ。水田稲一《とういち》さんの生命だけだった。父親は廿日市で八十八歳になって天命を終えられた、という。すばらしい事実だ。

しかし、すばらしいのは、物理的な「寿命」だけではない。敢然と、自己の良心に従い、あえて「組織への違犯」そして「祖国への背反」の道をえらんだ、科学者の存在。この存在こそ、今や「万能の権力」をにぎったかに見える、各国軍部のリーダー、最有力の政治家たちにとって「永遠の泣き所」だ。なぜなら、彼等有名人、権力ある人々は、本来〝自然科学の達人〟ではない。彼等自然科学者の「発見」した真理を「我が物」顔をして〝換骨〟し、「転用」させている〝連中〟にすぎぬ。そう言っても、必ずしも的はずれではないであろう。

そして本来の自然科学者は、それぞれの「良心」を自己の内部にもった、本来の人間だからである。そのような〝馭《ぎょ》しがたき〟良心を、自然科学者がもっていたこと、それを〝ありてい〟に証明したもの、それが「一台の大八車」だ。それこそ、人類の運命、地球の未来を〝救う〟に足る存在、その象徴（シンボル）のように、わたしには思われる。

この地球と人類の未来を〝救う〟者、それは果していずれの存在であろうか。

九

自然科学に無知な、わたしの「妄言」を許してほしい。

核物理学者たちは、自然の「秘密」を解き放った。「核爆発」その連鎖反応の論理だ。だが、わたしは思う。「今、反応の〝糸口〟が解けはじめただけ。」だと。すでに自然科学の探究は、終末点に至ったわけではない。逆だ。始発点に立っただけであろう、と、わたしにはそう思われる。その行く末は、何か。

「全地球を破壊する力をもつ、最終兵器」だ。その兵器を一国が所有するとき、他の国々はこれを攻撃することができぬ。もし、これを攻撃すれば、その一国は「地球全体」を破壊する能力をもっている。自他ともに、消滅する他はない。

とすれば、地球上の各国は、たとえ津々浦々の大・中・小国が「核爆弾」や「ミサイル」を所有していたとしても、結局、誰人も使用不可能とならざるをえないのである。

現在段階では、「核弾頭」の能力が、あまりにも〝小さすぎる〟から、問題が生じている。いわば〝中途半端〟なのである。

かつてのユダヤの亡国とユダヤ人の離散が、多くの独創的亡命者を輩出したように、理不尽に「名誉」を奪われた、核被害者の日本という国家がこの地球の中に、何を生み出すか、何も生み出せないか。人類の運命はこの一点にかかっている。

十

日本は、一台の大八車だ。いわゆる資源には恵まれていない。たった一つ、人間という名の資源を除いては。その人間を大切にし抜くこと、それ以外の軌道は存在しないようにわたしには思われる。決しておそくはない。むしろ、今わたしたちの車両は歴史の先頭に立とうとしているのかもしれない。それは日本列島の内部の、そして外部の一つのいのちを大切にし抜く道だ。

全世界の国々が、そして周辺の国々がわたしたちを嘲笑するとき、時代おくれと見なすとき、わたしたちは日本のみならず、世界の一つの命を守るためには何物をも躊躇《ちゅうちょ》しない。恐れない。そのような道を模索すべきではあるまいか。

国家を超え、人種を超え、そして日本列島を超え、そのようなたった一人の人間を作り出すために、国家のいのちを傾ける。そういう大八車の到来を、地球は今切に待ち望んでいるのである。

二〇〇九年四月十八日（十九日の早朝）稿了

（「学問論」第一四回、『東京古田会ニュース』第一二六号）

尺寸《せきすん》の地を我に与えよ――「ヒロシマ」の記念塔

一

夏が来た。夏が来れば、思い出す。八月十五日。わたしがはじめて「広島」を見たときを。昭和二十年（一九四五）の夏である。十八歳だった。

広島の西北部、己斐《こひ》駅（現、西広島駅）に降り立ったとき、眼前に広島がなかった。わたしの知る広島が消え失せていたのである。広島の東北部、比治山《ひじ》に至る間《かん》、その間には何も無かったのだ。茫然とした。

「これが、本当の人間の世の中なのだな。」

そう実感した。地位も、名誉も、組織も、財産も、その他一切が、人間には本来「無かった」ものだったのだ。そう思った。それがわたしの思想、人生観、世界観の基底となった。原爆は、その真実を明らかにした。目の前に見せつけてくれたのだった。

二

今年の八月六日と九日を中心として、原爆をめぐる、さまざまの番組がＮＨＫなどから放映された。いずれも、心を打つシーンの連続だ。原爆で亡くなられた方々を、その苦しみを忘れまいとする、鎮魂の調べが奥底に流れ、感動的だった。

わたしにとっても、八月十五日以降、翌年の四月まで、眼底にした数知れぬ光景がよみがえってきた。生きながら、身体の中に「うじ」が無数に蠢《うごめ》いていた。その姿を見ることが日常だった。「忘れよ。」と言われても、生涯忘れえぬ日々だった。爆心地から二キロの地点（西観音町）で被爆して、黒い雨に打たれながら、己斐《こひ》へ向った両親、病気で療養中だった親を、大八車に乗せて運んだ母親。その刻々を思い浮かべた。

折しも、ソ連のセミ市（現カザフスタン）のセミパラーチェンスクなどでくりかえし（四百五十回）原水爆実験が行われ、「死の湖」の周辺をふくむ、多くの住民が「黒い雨」を浴びつづけてきたこと、そのデータが克明にとらえられ、残されていた。ソ連崩壊後のロシアの科学者が倉庫から発見し、それを公表した。日本の科学者が現地を訪れた、その報告を、はじめてテレビで見た。日本では、「二回」だけだったが、ここでは数百回の「黒い雨」が住民の上にふりそそいでいたのだった。

あの昭和二十年以後、はじめて知った真実である。

三

わたしは新たに提案する。「尺寸《せきすん》の地を我に与えよ。」と。

それは、記念塔を建てるためだ。何の（?）。

「原爆を投下した人々のために祈る――ヒロシマの記念塔」である。エノラ・ゲイ（Enola Gay）とその僚友機に乗った将兵等の「鎮魂」を祈るための記念塔である。

広島にその記念塔を建てる。各寺院や各神社や各教会等、また橋のたもとや個人の庭先に一本の記念塔や一本の記念樹を建てる。「日本人の魂」の名において。もちろん、平和公園にも。

それが私たちの彼らに手向ける「志」である。その記念塔や記念樹を建てるための〝わずかな土地〟（尺寸の地）を、わたしに与えてほしい。わたしはそう願ったのである。当然私有欲とは一切無関係だ。

四

直ちに反応があった。わたしがこの志のあることを、最初に告げたのが、森一久さんだった。三日前、今年の八月二十日、東京の神田の学士会館の談話室だった。

彼は、旧制広島高校の理甲（英語）出身。わたしと同じ大正十五年（一九二六）生れ。彼は一月の早生まれだが、わたしは八月生れ。だから学年は、かれが一年先輩だ。わたしは文乙（ドイツ語）。

会うのは、初めてだったが、気が合った。お互いにうなずき合いながら、あっと言うまに、一時間がすぎた。午后四時頃だった。わたしは志をのべた。

言い終るや、彼は言った。

「土地の提供なら積極的に考えてもいい。」と。

彼は被爆者で広島駅に近い寺（日蓮宗、国前寺）に森家代々の（広い）墓地があり、その隣の土地に将来自分（森一久）の墓地を予定して確保している。それを念頭に「協力を検討したい。」と。

彼は間髪を入れず、そう言ったのである。わたしは最初の「公表」の相手が、直ちに土地を提供してくれる、という稀有の、無類の幸せをえたのだった。

五

彼は京都大学の物理学科（理論物理学）出身。湯川秀樹さんの愛弟子だった。大学を出たあと、中央公論社に入社したけれど、当然ながら「自然科学系のジャーナリスト」の道を歩んだ。五人の家族を広島で失った彼に対し、湯川さんは絶えず、心に掛け、親切にしてくださったという。彼に「広島からの家族避難」をすすめなかったこと、この一事が心にかかっておられたのであろう（水田泰次君が西村教授から「広島からの避難」をすすめられたとき、同じ研究室内に湯川さんもおられたという。前回「日本車」詳述）。

森さんは、ＡＢＣＣの所長と懇意になった。ＡＢＣＣは、広島市の比治山の上に造られたアメリカ側の（原爆被害の）調査機関だ。わたしも、町内会からのすすめで、検査におもむいたけれど、治療は一切ない。その点が広島市民、被爆者の「不満」となっていた。

森一久さんは同研究所で自分の体への影響を科学的に調べてもらう機会があった。被爆後五十年近くたってからのことだが、担当者はそのとき、森さんが「自分も被爆した。」と言うと、「ちょっと、待て。」と言って、奥の部屋へ行き、たくさんの写真をかかえて帰ってきた。拡げてみると、広島市街地の克明な、一軒一軒を上から撮影した写真だった。

「あなたの家は、どの辺だった?」

と聞く。それに答えると、やがて写真の中から、彼の家を〝探し出し〟た。

「この家だね。この家のどこにいた?」

「平屋の奥座敷で眠っていた。」

「どちらを向いて寝ていた?」

「こっちだ。」

そういう問答がくりかえされ、「原爆投下のとき」彼の被爆した場所、その精細な、家と部屋まで、すべて〝撮影済み〟だったことを知らされた。もちろん、「原爆投下、前」の撮影である。

今は、常識となっている「自動車のカーナビ」が、アメリカの軍事用目的で開発されたものであり、ソ連との冷戦終結後、「商業用」として公開された。その話は、聞いたことがあった。しかし、ここまで「原爆投下以前」の広島が〝丸裸〟にされていたとは、全く知らなかった。

「モルモットですよ。」

彼の放った一語は的確であり、かつ鋭かった。この単語は、原爆関係の本でも、時に使われていたけれど、彼の一語は、もっとも鋭く、またもっとも的を射ていたのである。

六

彼は言った。

「東海道線は爆撃されていないでしょう。アメリカ軍は完全に制空権をにぎり、あれだけ東京に〝絨《じゅう》毯《たん》爆撃〟をくりかえしていたのだから、東海道線など、簡単に何回でも爆撃できたのに、していないのですよ。」

「何回どころか、一回爆撃すれば、東海道線は止まりますよね。」

「当然、彼等は〝爆撃せず〟に保存しておいたのです。」

わたしにも、心当たりがあった。昭和二十年の四月中旬、仙台の東北大学へ行ったとき、東海道線を通った。「無事」だった。八月中旬、広島から、長崎の佐世保（浦頭《うらがしら》）にいた、軍医の兄のところへ行ったときも、山陽線以西、すべて「無事」だった。破壊されてはいなかったのである。

もし、東海道線や山陽線、長崎に至る鉄道が「一発」ずつでも、爆弾投下されていれば、その「時点」で、日本側の「戦闘能力」は潰滅していたはずだ。「本土血戦」どころの〝騒ぎ〟ではなかった。しかし、アメリカ空軍はあえてそれを「せず」においた。日本の降伏を、原爆が完成するまで遅らせるためではないか。

「日本の降伏は原爆投下で早まった、というのは大間違い。」と森は言った。「作ったら是非使いたくなる。之が人間の業《ごう》というもの。」とも言った。日本側の「兵力」を保存させた。何のために（?.）。もちろん、（戦勝後の使用もふくめ）広島と長崎に「原爆を投下する」ためにだ。長崎でも、市街地の中の「家々」の「路地裏」や「部屋」まで、すべて空から〝撮影ずみ〟だったことを、わたしには疑うことができない。

広島と長崎は〝爆撃せず〟に「とっておかれた都市」の筆頭、またはそれに準ずる都市だったのである。他の何よりもいずれも「都市の地形」が彼等の「実験」にふさわしかったからだ。

京都よりも広島。新潟・小倉よりも長崎。それらは彼等の「実験のプログラム」の、ささやかな移動にすぎなかったのである。

七

「鬼畜」の仕業だ。だが、彼等は人間だった。上官の、国家の命に従った、否、従わさせられたにすぎない。

ある者は、生涯この「投下行為」を悔い、その煩悶の中に一生を終えたという。ある者は「投下の正当性」を誇り、「戦争の終結に対する、やむをえぬ行為」、「すばらしい戦果」だったことを誇る（チャールズ・W・スウィーニー『私はヒロシマ、ナガサキに原爆を投下した』原書房、二〇〇〇年刊）。

しかし、それらは「表面」だ。人間の「仮面」にすぎない。その〝強がり〟は、「内心の煩悶」の〝裏返し〟なのである。人間であるかぎり、「戦争ロボット」であり通すこと、それは不可能だ。

だから、わたしは彼等の「人間の魂」のために祈る。それがわたしたち「日本人の魂」の〝ありか〟なのである。

八

天下の愚論がある。「日本、原爆をもつべし。」の主張だ。いわく、「原爆は、一発もてば、相手は攻められない。」と。〝抑止効果あり〟とするのである。広島で講演までした、とのこと（田母神《たもがみ》俊雄『自らの身は顧みず』ＷＡＣ株式会社、二〇〇八年刊、「北朝鮮には核で対抗せよ」『WiLL』二〇〇九年六月号）。

簡単に反論できる。もし、相手と「一発」ずつやり合えば（どちらが「先制」にせよ）、あと、相手（たとえば、中国）は「五百発以上」なお所有する。こちら（日本）は「ゼロ」。すでに「原爆を使用した」あとなら、もはや「抑止力」も、何もない。全日本列島が「投下目標」となろう。

もし相手がロシアなら、「一発」使っても、あと「一万二千発」ある。日本は「一発」使ったら、あと「ゼロ」。目も当てられない。簡単な「引き算」の問題だ。

だから、もし「所有する」なら、「三万発」を〝持つ〟べきだ。アメリカ九千数百発、ロシア一万二千発、中国五百数十発、インド・パキスタン・北朝鮮、各数発。併せて二万数千発だ。インド・パキスタンを除いても、総計に大差はない。それらの国々（の合計）以上に、日本がもつならば、その抑止力としての「意義」はあろう。

一案のあるように、巡洋艦に原爆を搭載《とうさい》して、日本列島周辺を巡行させたとしても、その総計は、中国側の十分の一以下。比較にもならない。いたずらに、彼等に〝警戒〟させるにとどまろう（伊藤貫『中国の「核」が世界を制す』ＰＨＰ研究所、二〇〇六年刊、参照）。

その上、日本がいったん「原爆をもつ」となれば、周辺国は黙っていない。「アッ！」というまに、総計二万数千発は、三万台、五万台へと上昇しよう。北朝鮮もまたたく間に十数発あるいは数十発をもつときが来る。

そのうちに、いわゆる「ゲリラ」が小型原爆を所有し、「大国」を攻撃する日は、必ず遠くないのである。日本側の「一発」や「数十発」の原爆所有で「おさまる」問題ではない。

今、地球の上に住む人類の「国家」や「宗教」は、みずから「作り出した」原水爆を、自分の手で「管理」できない。暴走大道をひたすら駆け降りている。その真最中の未熟な乗り手なのだ。

文字通り、誰人にも、「止められない」のである。これが地球の現在だ。

九

人類の希望は、日本である。唯一の被爆国であるのに、一発の原爆も、所有していない。作っていない。その科学力、経済力、知能力は、十分「製造可能」なのに、「もっていない」のである。

憲法九条では、不十分だ。「自衛のための核」は、もちうるからである。「日本の原爆所有」とは、その本質は「補助核」だ。〝御主人〟の核群に対する「プラスアルファ」論。それが本質だ。「三原則」は、もっと不十分だ。アメリカ側の「もちこみ」は、周知の事実だからである。

わたしは提案した。「憲法改正」を行い、新たに憲法、第一条に「原水爆所有せず」を明確に宣言し、「改正不能」の一文とする。「革命」以外に「改正」の道はない。そういう、新憲法だ。そして「原水爆をふせぐため」の科学力に、国家が全力を傾注する。それが本来の日本、人類の希望である。

現在の地球を見て、人間を造った「造物主」は歎いているであろう。「人間を造ったのは、わたしの失敗だった。」と。わたしは歎かない。人間には「手に余る」原水爆を造り出す能力もあるけれど、断乎、それを「止める」こともできる。その意思も、希望も、ハッキリともつことのできる動物、それが人間だ。

その人間の未来にとって、「希望の星」はただ一つ。日本だけなのである。

わたしはその立場に立ち、堂々と、

「原爆を投下した人々のために祈る――記念塔」を広島の（そして長崎の）一角に建てたい。

「日本人の魂」の名において。

それがわたしの願いである。

記念塔の文面（案）は次のようだ。

（下段に英文）

原爆を投下した

人々のために祈る

「ヒロシマ」記念塔

平成二十一年（二〇〇九）

月　日

日本人の魂

エノラ・ゲイとその僚友機の人々に――

二〇〇九年八月二十二日　稿了

（「学問論」第一六回、『東京古田会ニュース』第一二八号）

原水爆論——ヒロシマ・ナガサキはアウシュヴィッツである

一

国家は道具である。人間が作った、人間のための、人間の道具である。その国家が原水爆を作った。それが人間を破壊した。

人間は国家のおかげで、生活してきた。法の名のもとで安定をえてきた。公教育のもとで、知識を増してきた。共通の知的認識を獲得できたのである。すばらしい道具だ。

だから、国家は人間を造り変えた。自分の国益に合わせるように教育した。人間が自分で考えていると錯覚する。それほど完璧に洗脳してきた。子供のときから、死ぬまで。人間をロボットにしてきたのである。すばらしい道具だ。

だから、日本の古代では、女性の推古天皇と男性の多利思北孤（タリシホコ）とを「同一人物」として、百三十年間、公教育で教えつづけさせて恥じなかった。

だから、日本の現代では、「終局的に、敗けると判っている戦争」を、日本が好んではじめた、と、六十五年間の公教育ですべての教師に教えさせつづけてきた。子供に「考えず」に「憶《おぼ》える」ことを求めてきたのだった。トラウマが生涯を〝引き裂《さ》い〟ている。

国家は道具だ。幸福と不幸の、共に道具である。

二

晩年の親鸞は言った。

「みだ仏は、自然《じねん》のやうをしらせむれうなり。」

と。「自然」というのは、〝大自然の、本来の姿〟をしめす仏教語だ。その限りでは、仏教思想の伝統の中にある。「やう」は〝ありさま〟〝ありかた〟だ。肝心の一語、それは「れう」である。料理の「料」だ。〝材料〟〝道具〟〝手段〟の意味だ。

「〝アミダ仏〟というのは、大自然のありさまを知らせるための道具である。」

八十六歳の彼が、はじめてもらした言葉だ。生涯添削し抜いた、主著、教行信証にも、この言葉はなかった。それをこのとき、はじめて口にした。

「絶対者は、道具である」。

と書いたのである。「自然法爾事《じねんほうにのこと》」と題される、この一文は、正嘉《しょうが》二歳（一二五八）十二月、孫弟子の顕《けん》智《ち》（真仏《しんぶつ》の弟子）が彼から直接聞き、書き取った、とされる。場所は京都、三条の富小路《とみのこうじ》である。

末燈鈔（書簡集）には「愚禿《ぐとく》親鸞（＝鸞）八十六歳」として収録され、本人の正像末《しょうぞうまつ》和讃の末尾にも「親鸞八十八歳御筆」として同文が掲載されている。九十歳で没するまで、彼の「最晩年の思想」と考えてあやまるまい。

日蓮も、道元も、法然も、釈迦も、彼より「若く」して没したから、これほどの「本音《ほんね》」をもらす日には至らなかったのかもしれない。

わたしも今、数《かぞ》え歳（旧い年齢の数え方）では「八十六歳」、同年だから、彼の、ついに「言い切った」気持が痛いほど判るのだ。もはや、何にも遠慮する必要がない。「はばかり」は一切不要なのである。

三

次の一文を読んだ。

「人類が共有する平和のための財産です。広島・長崎の悲劇とともに、この歴史的事実を広く日本の人々に知らせてください。」（『写真物語　アウシュヴィッツの手紙』平和博物館を創る会編集、平和のアトリエ、一九九四年九月刊）

右はポーランド平和委員会会長のヨセフ・シランケヴィッチさんの言葉だという。

ヒトラーは全ドイツ民族のため、と称してアウシュヴィッツの「ガス室」を造った。国家の名においで。――「非（ノウ）」だ。

同じく、現代の国家が「ヒロシマの悲劇」に対して、「肯定の論理」を行使する。国家の名において。

――同じく、「非（ノウ）」だ。

両者の「惨状」を比べて「痛み」「歎く」だけが〝能《のう》〟ではない。それでは、歴史に対する「感傷」に過ぎぬ。しょせん、センチメンタリズムである。

四

わたしの言いたいこと、それはただ次の一句だ。

「ヒロシマ・ナガサキはアウシュヴィッツである。」

と。

八月六日の広島。八月九日の長崎は、国家によって天空が一個の「巨大なガス室」とされたのである。人類は、自己の未来のために、右の一句を銘記すべきだ。一千億の人間も、一兆の人間も、一人ひとり、「記憶」すべきだ。

人間は国家という、一個の道具に対して、人間を破壊する「権利」を認めてはならない。それは地球の自滅への一本道だ。

戦勝者たちが〝連合〟して、これを「合法」と称しているのは、「非（ノウ）」だ。これが本稿の〝はじまり〟であり、〝帰結〟である、地球の未来のために。

二〇一〇年八月十九日　稿了

（「学問論」第二二回、『東京古田会ニュース』第一三四号）

なぜ政治に関心がないか――原発全廃論をめぐって

一

三・一一の東日本大震災のあと、一文を書いた。「それは天恵だった――『想定外』の論理、批判」（『多元』第一〇三号）である。

その要旨は次のようだった（「天恵」の用語については後述）。

第一、今回「想定外」という用語が、三・一一の「事件」に対して再三用いられている。しかし、実際は、そうではなかった。石橋克彦氏（神戸大学）の「原発震災」論（岩波『科学』一九九七年一〇月号）で、今回の「事件」のおこるべきことを、〝そのまま〟に予告。さらにそれを衆院でも、強く警告されていたのである。

また小寺明《こてらあきら》氏（東京教育大学）は、原発の廃棄物処理の確実な方法がないことから、「反対」しつづけ、ついに審議委員会から〝外《はず》され〟、定年後も「定職」がえられなかったという（二〇〇一年九月二十八日没）。

すなわち、今回の「事件」は「想定外」どころか、十二分に「予想」し、「警告」されていた事態だった。ただ「多数派」が「少数派」を排除し、自分たちの「主張」だけに「満場一致」の〝建前〟をとっていたにすぎなかったのである。

二

第二、これと「同類」の運命を経験したのが、わたしの古代史研究だった。学者の論文も、テレビや新聞等の報道も、「邪馬壹国」説や九州王朝説などの「古田説はなかった」かのような「扱い」となってより、すでに久しい。たとえばNHKで「邪馬台国」特集の、四十五分二回の番組でも、「古田説はなかった」の扱いだ。京大の『史林』第九四巻第二号の巻頭論文（北康宏「国造制と大化改新」）でも、同じく「古田の九州王朝説はなかった」の〝処理〟だ。朝日新聞社や角川文庫、朝日文庫、さらに最近のミネルヴァ書房の復刊本と公刊されつづけている『失われた九州王朝』も無視。東大の『史学雑誌』や京大の『史林』、東北大学の文芸研究などに掲載された学術論文も、すべて「なかった」扱いなのである。なぜか。

今回明らかになったように、学界の「通説」以外の「説」は排除しておき、「学界やメディアの満場一致」を〝挙揚〟する。否〝挙揚〟できる体質、そういう「システムの論理」こそ明治維新以降の、日本国家の「公の手法」だったのである。

この「手法」が今後も保存されれば、日本の未来にはさらに重大な「原発災害」が必ずおとずれよう。それを回避するための「一大革命」が必要だ。その「転機」となったならば、後世の人々が逆に「あの三・一一は天恵だった」とふりかえる日が来よう。わたしはその日の来ることを信ずる、と。

これが三・一一によって「表面化」された、今日の、いわゆる「想定外の論理」の姿だった。

三

右の論稿後、分析はさらに進展した。

あの「原発問題」にも、二つの「層」があった。最初にあげた石橋氏の場合、その論文は岩波の『科学』に掲載され、衆院にも〝呼ばれ〟た。すなわち、「公の場」で「問題」にされていたのである。

しかし、小寺氏の場合は、ちがった。審議会の委員を〝はずされ〟た上、たとえば『科学』などにも、その所論が掲載されることがなかった。なぜか。

小寺氏の所論では、「原発の廃棄物の確実な処理がない」という理由で、「原発全体」を「不可」とする立場だった。直接の「反対」対象は、日本の原発だったけれど、学問の論理の上では、日本以外の、アメリカやフランスやロシアや中国など、すべての国々の原発に対する「反対」の宣言だったのである。

これに対して石橋氏の場合は、その「原発災害」の概念提起と共に、日本全国の原発に対しても、鋭く深い「問題提起」がなされていた。それは確かだ。だが、同時に、当面の課題として柏崎刈羽原発(新潟県)、浜岡原発(静岡県)の閉鎖が提唱されている。これを「逆視」すれば、(氏の本意ではなかろうが)右の二原発以外は「当面の廃止」対象外、といいうるのかもしれない。

ここに、『科学』や『世界』(今年五月号)『中央公論』(同)が、氏の論稿を〝掲載〟できた、その背景の一つがあったのであろう。

四

わたしの場合も、そうだった。

「邪馬壹国」論を出したときには、「反応」は大きかった。読売新聞が十五回にわたる反論（榎一雄「邪馬台国はなかったか」一九七三年）、京都新聞で三年にまたがる論争（三木太郎氏と古田。一九七九〜八一年）と、つづいた。さらに、尾崎雄二郎・牧健二の両京大教授の反論が学術論文として発表され、いずれも、逐一わたしの再反論も掲載されたのである。未曾有の「反応」だった。

それが一変した。同じわたしの「九州王朝説」にたいしては、学界は「無視」した。テレビや新聞等のメディアも「なかった」こととしてきたのである。なぜか。

もし、わたしの「九州王朝説」が肯定されたら、従来の学界の「日本古代史の背柱」そしてその「全体像」が瓦解する。学界側のすべての学者の「立つ瀬」がなくなる。だから「満場一致」からの「想定外」としたのである。

安本美典氏は、最初は貴重な「反論者」だったけれど、やがて「誹謗」と「中傷」の「学問外」の道へと進まれたようである。

五

「小寺氏の論理」をつきつめてみよう。氏が直接「対象」とされたのは、日本の原発であるが、それは論理的に、世界各国の原発に対する「告発」だった。

しかし、それだけではない。「原発」すなわち「原子力発電所」の問題にとどまらず本番ともいうべき「原子爆弾」や「水素爆弾」そのものの製造に対しても、否、対してこそ、大きく、深く〝かかわる〟べきテーマだ。

確かに、問題の「表面」だけ見れば、実際の「投下」をせず、各国（アメリカやロシアやフランスや中国等）が「製造」し「所有」しているだけなら、「問題」はないように見えよう。しかし、それはあくまで「表面」にすぎない。

「連鎖反応」や「プルトニウム」などの「エキス」ともいうべき「核物質」が存在する以上、「もれ」による「汚染」問題は、絶えず実在する。かりに「もれ」なくても、地球の内部に何千発、何万発の「汚染の原質」が「内蔵」されている。その核心の事実は疑いえないのだ。「国家」を越えた地球汚染だ。その汚染は決して当の「一国家、内部」におさまりえない。それが「深層」の真実なのである。

「小寺の論理」は、その真実を「告発」していたのであった。

六

わたしのもっとも尊敬する、近代の学者。それはキュリー夫人（一八六七〜一九三四）である。映画「キュリー夫人」にはじまり、夫人の自著『ピエル・キュリー伝』（白水社刊）まで。マダム・ピエール・キュリー著の『放射能』（上下巻、白水社刊）も、机辺にある。

そのキュリー夫人が今回の三・一一を知ったら、必ず「今はまだ、放射能を工業化して使用できる段階ではない。止《や》めなさい。」と言い切る、と思う。彼女のあくなき科学への探究心と共に人類の未来への深い愛情を見れば、わたしにはそうとしか思えないのである。

その上、故国ポーランドへの強烈な愛国心、それは研究上の母国、フランスへの愛情と共存するものだった。彼女にとって「愛国心」と「人類愛」とは、決して矛盾するものではなかったのである。

わたしも、当然、愛国者だ。その日本の中の東北の現在、未来の日本の「原発災害」、それに対して目をつむること、全く不可能なのである。

今回の三・一一のしめした「警告」は、大きい。そして深い。日々、テレビや新聞で報道しているより、はるかに「絶大な意義」をもつ。

「人類は、原子力を所有し、使用するに値するか。」

その「問い」なのである。わたしはハッキリと「否《ノウ》」だと思う。明確に「否《ノン》」と、フランスに対してもいうべきだ。なぜなら、人類はいまだその「力量」に達していないからである。

しかし、日本ではその「肝心の一事」をかかげる政党がない。明確に、「政党の主張」の先頭に立てた政党を、わたしは知らない。自民党の河野太郎氏のような、「貴重な例外」の方を除き、わたしはそれを見ない（『週刊現代』二〇一一年四月三十日号所載、河野氏自稿）。

選挙があっても、それが地方選であろうと、国会選挙であろうと、与野党「一致団結」して、「原発許容主義者たちの総連合」にすぎない。わたしはそのような政治に関心をもつことができないのである。

日本は、今回の三・一一を「天恵《てんけい》（めぐみ）」として、「緑の党」どころか、「緑の国」を目指すべきだ。そして全世界のいわゆる「先進国」のすべてに対して「原水爆の廃棄」を断乎として「要求」すべきなのである。

「それならば作ろ　世界一の街」（川口、ちのね。万能川柳[1]）
これに対してわたしは言いたい。
「それならば作ろう　世界一の国」
日本は、人類の未来、唯一、希望を託すべき国なのである。

七

最後に、わたしの思い出を語ろう。父からいつも聞いていた「海鳴り」の話だ。津波がくるとき、その前に必ず「海鳴り」が聞える。海辺の老人たちは、その「音」によって、やがて来襲する「大津波」の〝高まり〟を予知する、というのである。

それによって、二階の上に畳を積み上げ、「大津波」を待つ。あるいは、山の上へと逃れる。これが「伝承された、知恵」だという。高知県の海辺の出身の父親は、何回となく、この「海鳴り」の話をわたしに語った。

今回の三・一一は三月九日と十日に「前震」があり、「これは、直後にさらに大きな本震が起るということが、十日にはわかっていたということを意味する。」（尾池和夫氏[2]）と。

「伝承の知恵」は「科学の認識」と対応していたようである。

注

（1）毎日新聞、二〇一一年四月二十三日（土曜日）。

（2）　前京都大学総長、『新潮45』二〇一一年五月、一二二ページ。

補

三・一一以前と以後を通じて本稿と同一の立場を主張してきた政党があったならば、喜んで表題を訂正させていただく。

二〇一一年四月二十三日　記了

（「閑中月記」第七一回、『東京古田会ニュース』第一三八号）

国破れて原発残る

一

「原子力と核とは、英語では同じなんです。」

藤沢徹さん（「東京古田会」会長）の言葉だった。前号（第一三八号）のわたしの論稿（「なぜ政治に関心がないか」）に関しての御助言である。

さっそく、辞書を引いてみた。まさにその通りだった。

nuclear　1［生物］核の、核を形成する　2［物理］原子核の、原子力の、核兵器の　a nuclear power station［plant］原子力発電所　a nuclear war　核戦争　（その他）nuclear bomb　核爆弾（『THE NEW GLOBAL　新グローバル英和辞典』、三省堂、一一九七ページ）

日本語の場合、全くニュアンスがちがう。対照的である。

「核」といえば、広島・長崎に投下された原子爆弾をイメージする。ところが、「原子力」というと、右の「原子力発電所」のような「平和利用」のイメージ、単なる「電気の製造元」のようなイメージだった。少なくとも、今年（二〇一二）の三月十一日の、あの「事件」までは、一般の日本国民はその頭脳の中に、右のような「仕分け」が植えこまれていたのではあるまいか。しかしそれは、世界には〝通用せぬ〟日本語だけの〝造られたイメージ〟にすぎなかったのである。

二

明治維新以降の日本人は〝犯され〟てきた。何に？　「西欧崇拝」この四文字である。

黒船によって鎖国の夢を破られ、ガラガラと幕藩体制が崩壊した。代って福沢諭吉の『学問のすゝめ』が最初のベストセラーとなり、明治以降の「国民精神」の方向を決定した。一八九〇年（明治二十三）施行の明治憲法の有名な、「天皇ハ神聖ニシテ侵スヘカラス」の一言も、その背景は「西欧思想」にあった。ドイツのシュタイン博士の伊藤博文に対する、一八八二年（明治十五）の警告がその背景にあったこと、今は周知である。「自由思想に酔うな。」「共産主義に迷わされるな。」「それ以上の、絶対の〝大わく〟を定め、それを国家の根本とせよ。」これらがシュタイン国家学の教えだった。伊藤は歓喜し、明治憲法の第三条の「天皇神聖論」が定置されたのであった。(1)

そして今、今回の「原発論議」を見ると、右と左の立場を問わず、「西欧崇拝」の四字が人々の脳裏を支配していることに驚かざるをえない。

たとえば、不破哲三氏の『「科学の目」で原発災害を考える』（日本共産党中央委員会出版局刊、二〇一一年）は、全体としてはすぐれた「原発批判」の書であるけれども、その詳細を見れば、フランスや西欧などの「原発管理」を〝肯定〟し、あるいは〝賛美〟した上で、これに対する「日本国家の権力や資本いるのである。

主義体制」の「原発」問題に対する「科学的管理」の不備、あるいは全くの不用意をきびしく批判して

また「使った核燃料の後始末ができない」のテーマをあげて、

「だからいま、世界で原発を利用している国でも、たいていの国は、原発の物騒さをのみこんで、その上でこの危険な相手をどうやって管理するか、ここに力を入れています。ところが、原発を利用している国ぐにのなかで、その管理の力が、世界で一番足りないのが日本なのです。」(一四ページ)

とのべられている。

また「スリーマイル事故の教訓もそっちのけ(一九八〇年)」の項では、

「アメリカは当時、カーターという大統領でしたが、彼は技術畑の出身ということもあって、そこからかなり本格的な教訓を引き出しました。最大の教訓は、〝事故の根源は『安全神話』にある、原子力発電所は十分安全だという考えがいつの間にか根をおろしてしまった。これを一掃しなければならない〟ということでした。そして日本に比べれば桁違いの水準にあった安全規制の体制をさらに強化して、そこに三〇〇〇人の技術スタッフを集中したのです。」(二〇ページ)

これに対比して日本側には「常勤の専門家は一人もいませんでした。」と。

またアメリカは「スリーマイルの経験から、事故が起きた時の地域住民の安全をいよいよ重視したのです。」とし、これに対する日本側では「県でも市でも対策が何もないんですね。」と指弾している。その指弾が正しかったこと、今回の「三・一一」が証明した。しかし、はたして西欧やアメリカ側は、それほど「良心的」だったのか。これがわたしの不破論文に対する「?」である。

事実、「フクシマ」の事件は、フランスの「核燃料」とアメリカの「施設や設計図」をもととして生

じた。

彼等はそれらを日本に〝売りつける〟とき、「日本は地震列島だから、これくらいでは駄目だ。お止《や》めなさい。」と言いつつ〝売りつけ〟たのか。考えられない。やはり「いかに、これらが〝安全〟であり、〝合理的〟であるか。」を「力説」したのではあるまいか。そして「西欧崇拝」の日本人が（当然、「欲に釣られ」て）これを唯々《いい》諾々《だくだく》と〝受け入れた〟のではあるまいか。わたしにはそのように「想定」されるのである。

三

この点日本共産党とは〝対蹠的〟な立場にあるはずの東京都知事、石原慎太郎氏の、立脚地も、根本においては不破氏と〝変ら〟ないのである。

もちろん石原氏は日本共産党とは異なり、「原発賛成」の立場を正面から採っている。しかし、その論拠は、ここでも「西欧崇拝」。「フランスモデルの賛美」なのである。〝フランスでは、日本のような事故をおこしていない。フランス人にできることが、なぜ日本人にできないか。当然できるはずだ。〟という「論理」なのである[2]。

先ず、第一にここでは「地震列島の日本」という根本視点が完全に「欠落」している。

地震学者の石橋克彦氏はすでに十数年前より、地震列島の日本における原発が、「複合した災害」を起すべきことを、くりかえし警告されてきた。しかし、国や東京電力等の「権力と権威」をもつ人々は、一切これを無視してきた。その結果、まさに石橋氏の「予告」通りの形で生じたもの、それが今回の

「三・一一」だった。

その石橋氏が、

「『福島原発震災』の論理的帰結は日本列島の全原発の閉鎖だ」

と、今年（二〇一一）の五月一日発行の『原子力資料情報室通信』第四四三号に書いている。ふたたび、あるいは三たび「三・一一」は「再現」しうる、否、「再現」すると、「予告」しているのである。

石原氏のいる東京都の新宿区住吉町（八—五、曙橋コーポ二階B）の原子力資料情報室発行だ。照顧脚下、のたとえ通り、石原氏は「フランス賛美」に奔《はし》る前に、石橋命題に対して深く心を傾けるべきではあるまいか。

四

しかし、フランスの「原発処理」はそれほど「模範的」なのであろうか。はじめは廃棄物（汚染物質）をドラム缶に〝つめ〟て、ドーヴァー海峡に投下していたが、西欧各国の協定で〝禁止〟された。けれども〝ドラム缶づめ〟にせず、直接海（ドーヴァー海峡）に放出することは「許可」されていて、そのように処置しているというのである[3]。

これが「模範的」な「科学的管理」なのであろうか。ドーヴァー海峡の「魚たち」は、四六時中〝汚染〟されつづけているのである。

さらに英国では、アイルランドとの間の海峡に「放出」しているという。その海峡の「魚たち」は、依然「汚染」の中で〝泳いで〟いるのである。

五

わたしにとって、もっとも衝撃的な「事実」は、フィンランドの「事実」だった。原発の廃棄物を岩盤の底、四百メートルの地帯に埋めた。それは四十万年あとまで「厳存《げんぞん》」しつづけるという。そこに「危険物」の表示をしておかねばならぬ。しかし、その頃、果して依然「フィンランド語」が使われているかどうか、不明だ、と。各国語で書いておこう、と。あるいは、「ガイコツの図」を表示しておこう、と。しかし、それではかえって「好奇心」を刺激する、と。「何も書かず、忘れ去らせる」のがいい、と。議論はいまだ決着がついていない、というのである。(4)

喜劇だ。要は、そんな「何十万年も残存する害毒物」を、近代国家が「作り出す」こと自体が〝まちがい〟だ。「アウト」なのである。いかに「法」の名や「科学」の名で〝美化〟しようとも、無駄だ。すべて近代国家が「おのれの分際《ぶんざい》」を越えたこと、「人間の違法」を犯しているのである。

不破氏にも、石原氏にも、その他の誰人にも、それを「よし」とし、「ＯＫ」とする権利は存在しない。わたしはそう思う。

六

次の一節が目に入った。

「たとえば、こないだの福島の事故。あれは二月の四日に発表されたんですね。一〇〇キロからのものがポンと落ちて、しかし『たいしたことなかった』という発表なんです。そんなもん誰が考えてもウソやいうことわかりますよ。」

わたしは〝混乱〟した。「三・一一」の話にしては〝日付け〟がおかしい。その上、この著者、久米三四郎氏（核化学者）は、二〇〇九年に他界された、という。この本『科学としての反原発』七つ森書館刊、の初版は二〇一〇年八月の刊。つまり、右の「こないだの福島の事故」とは、今年（二〇一一）の「三・一一」ではないのである。

「しかも一月四日に主任者の本社の補修課長が山の手線で飛び込み自殺をしてるんです。」（二〇九ページ）

これが今年の「三・一一」の〝前史〟しかも〝近い前史〟だったのである。

「三・一一」以後、関係者からさかんに流された「想定外」という三文字は、一体なんだったのであろうか。驚かざるをえない。

七

光り輝く文章もあった。最高裁の判決文である。

一九九二年（平成四）十月二十九日、「伊方発電所原子炉設置許可処分取消請求訴訟」に対して、最終的に住民側の敗訴を宣告したものだった。

しかし、その内容を熟読してみると、意外にも、いわば〝真反対〟ともいうべき、光り輝く珠玉の論理を内蔵している。その真相は「全体を読む」のが一番だが、今その急所をなす「要点」を二つだけ、あげてみよう。

第一。「原子炉が原子核分裂の過程において高エネルギーを放出する核燃料物質を燃料として使用する装置であり、その稼働により、内部に多量の人体に有害な放射性物質を発生させるものであって、原子炉を設置しようとする者が原子炉の設置、運転につき所定の技術的能力を欠くとき、又は原子炉施設の安全性が確保されないときは、当該原子炉施設の従業員やその周辺住民などの生命、身体に重大な危害を及ぼし、周辺の環境を放射能によって汚染するなど、深刻な災害を引き起こすおそれがあることにかんがみ、右災害が万が一にも起こらないようにするため、原子炉設置許可の段階で、原子炉を設置しようとする者の右技術的能力並びに申請に係る原子炉施設の位置、構造及び設備の安全性につき、科学的、専門技術的見地から、十分な審査を行わせることにあるものと解される。」

右の一文中のキイ・ポイント、それは「万が一にも起こらないようにするため」の一語だ。

しかも、その「科学的、専門技術的見地」は「二十年前の水準」ではなく、現在（一九九二年）の水準だ、とされている。

八

決定的に重要なテーマ、それはこの判決中の「立証責任」の所在に関する指摘である。

第二。「被告行政庁がした右判断に不合理な点があることの主張、立証責任は、本来、原告が負うべきものと解されるが、当該原子炉の安全審査に関する資料をすべて被告行政庁の側が保持しているなどの点を考慮すると、被告行政庁の側において、まず、その依拠した前記の具体的審査基準並びに調査審議及び判断の過程等、被告行政庁の判断に不合理な点がないことを相当の根拠、資料に基づき主張、立証する必要があり、被告行政庁が右主張、立証を尽くさない場合には、被告行政庁がした右判断に不合理な点があることが事実上推認されるものというべきである。」

「立証責任」の論理は、倉田卓次氏の「理論化」された、有名な論理だ。この判決は、この四文字をクローズ・アップして、その「責任者」は行政庁（被告）の方にある、と断言しているのだ。この指摘は重大である。

その後の、（近来の「最高裁」をふくむ）各パートの各位は、せっかくの右の「最高裁判決」のしめした「根本認識」を〝生かして〟いない。否、〝生かす〟どころか、大きく「後退」したまま、今年（二〇一二）の「三・一一」を迎えたのではあるまいか。

右の最高裁判決の裁判長裁判官の小野幹雄《もとお》氏は、現在八十一歳。引退後ながら、御健在であった（二〇一一年六月二十二日、現在）。

九

わたしはかつて書いた。「現在の原水爆はまだあまりにも〝幼稚〟な段階である。さらに発達して〝一発で地球全体をこわす〟能力に達したら、結局、原水爆は使用不可能となるのではないか。」と。現在の原水爆は「敵を斃《たお》して」も、みずからは「安全」という、小規模なレベルだ、と。そう考えたのである。

しかし、わたしは〝見過し〟ていた。すでに現在、世界中の「核」や「原子力」の原子炉が〝出す〟

廃棄物によって、すでに〝取り返し〟のきかぬ「一大汚染」がこの地球を〝むしばみ〟つづけている。ロシアが一万発以上、アメリカが一万発近く、中国も数百発。インドやパキスタン、また北朝鮮などをふくめて「核汚染」で地球はすでに〝病《や》み切って〟いるのである。

十

この問題は「一国内の汚染」ですむテーマではない。たとえば、中国。大陸内部の各地に「核兵器」や「原子炉」が作られている。「原発」は〝激増中〟だという。

すなわち、その汚染水は、たとえば黄河を下り、日夜東シナ海にそそいでいる。

たとえば、日本共産党は中国共産党に対して、断乎「核兵器」と「原子力発電所」の建設の「停止」を求むべきだ。「自分の国だけ、停止していれば、すむ。」そんな問題ではないのだ。もちろんフランス共産党に対しても、断乎「原発による地球汚染の停止」を求めなければならない。フクシマの「三・一一」は、「フランスの原子力発電」が〝日本におよぼした〟一大失敗なのである。日本共産党は「科学の目」をもって、その肝心要の一事を堂々と天下の各国家に要求せねばならない。もちろん、日本共産党だけの「義務」ではない。「ヒロシマ」と「ナガサキ」と「フクシマ」を経験させられた、日本国民が世界のすべての国に対して発すべき「根本要求」なのである。

戦勝した「特権」を守りつづける、醜い「国連理事国」に対して、日本国は断乎として「核」と「原子力」の全廃を要求しつづけねばならないのである。

そのときはじめて、世界は日本を尊敬しはじめるであろう。「日本は、地球の未来である。」と。(5)

注

（1）「近代法の論理と宗教の運命――〝信教の自由〟の批判的考察」『神の運命』明石書店、一九九六年刊、所収。インターネット「古田史学」収録。

（2）テレビ朝日、報道ステーション（二〇一一年六月二十三日）収録。

（3）「世界のドキュメンタリー、放射性廃棄物はどこへ」NHKBS、二〇一一年五月十八日等。

（4）同右。

（5）原発と原子・水素爆弾とを「分別」した論点については「黒船に克つ――日本の道」『多元』第一〇四号所収、参照（二〇一一年六月末刊）。

二〇一一年六月二十四日　稿了

（「学問論」第二七回、『東京古田会ニュース』第一三九号）

人間の道理──「生球」論

一

心を打たれた。

「過疎地に押しつけるな」と題する一文である。山内亮史《りょうじ》氏が毎日新聞（二〇一一年十月十八日）に書かれたものだ。現在北海道の旭川大学学長であるという(1)。

「もう四半世紀も前になるが、北海道旭川市で『幌延《ほろのべ》問題を考える会』を設立した。幌延問題は、原発から出る使用済み核燃料を再処理した後の『高レベル放射性廃棄物』を国が北海道北部の幌延町に持ち込もうとしたことから始まった。」

「この廃棄物は一〇万年以上、生命の世界から隔離しなければならない。半減期に一〇〇万年以上を要する『超ウラン元素』も含まれる。国の計画では、この『核のゴミ』をステンレス容器に密封した上、地下三〇〇メートルより深いところに埋めて最終処分するという。」

これらの経緯は、この問題に関心のある人々には「周知」のところだ。たとえばフィンランドで数百メートルの岩盤を掘り下げ何十万年の害毒を持つ放射能廃棄物を埋めた。その警告文を何語で書くか。だがその頃、当地で、何語が使われているか、不明だから、云々のテーマがある。（ＮＨＫＢＳ、二〇一一年五月十八日「世界のドキュメンタリー、放射性廃棄物はどこへ」等。）

今地球上の各地で、各国がこの問題の「解決」ができず、〝悩んで〟いるのだ。すでに何回も、のべたところであるから、ここではくりかえさない。日本では早くから東京教育大学教授だった科学者の小寺明氏が、〝冷静に〟屈せず指摘し、「原発の強行」に反対し、そのため「委員会」から〝はずされた〟事実は、何回となくわたしの〝ふれた〟ところだ。小寺氏が亡くなられて（二〇〇一年九月二十八日没）十年にして、今年（二〇一一年）の「三・一一」となったのである。[2]

当面の「災害対策」が〝おくれ〟ていると、三月以来、絶えず「指摘」されてきた。テレビや新聞でも、繰り返し言われてきたところである。しかし、「今年」や来年はもとより、たとえ「十五年あと」でも「百年あと」でも例の「小寺命題」が全く〝解決〟されていない事実は、あまり「語られよう」とはされずに来ていた。その点、今回の山内論文は出色である。

二

もっとも出色なのは、氏の論文の末尾の一節だ。

「やや挑発的に言うなら、東日本大震災で『帰宅難民』を味わった東京都民は、この際覚悟を決めて高レベル放射性廃棄物の『最終処分地は東京に』と言ってはくれぬか。」

その通りだ。政府は近来「中間処分地」という〝言葉〟を使い、「フクシマ」の現地にそれを求めている。いわゆる「除染」作業も、放射能（各成分）の数値の〝高い〟土を〝取り除き〟、その土を〝近隣の場所〟を掘って埋める、という。それが「除染」だ。その〝近隣の場所〟が、いわゆる「中間処分地」である。

では「最終処分地」は、どこだ。――それが山内氏の問いなのである。

三

氏は一九八〇年代半ば以来の動力炉・核燃料開発事業団を巡る経緯を叙述した上で

「町内では処分場を模した立て穴の工事が進み、既成事実化が懸念されている。」

と結ばれている[3]。しかし、当の幌延町（天塩《てしお》郡幌延町役場）側では、当然「町の立場」からの〝解説〟があろう。

「処分場の適地は全国で八八ヵ所。うち北海道は一一ヵ所、東北二二ヵ所で、実に四割以上が北海道と東北に集中している。」と氏は書いているけれども、いずれも、いわゆる「中間処分場」なのである。その「最終処分場の地は東京に」というのが、（反語めいた）、氏の論文の末尾の提起なのである。

四

この主張は、考えてみれば、当然だ。なぜなら、当の「電力の最大の消費地」が東京であり、その受益者が東京都民である以上、その「受益の代償」としての、放射能廃棄物の数千万年に残る害毒を、みずからの「責任」で負う。それは「自明」の帰結だからである。「いや、そのために、高い電力料金を負担しているのだから。」「その代金が幌延町などの『中間処分場』に支払われたのだから。」しかし、それでは真の「回答」にはならない。数千万年のちの、当の「過疎地の住民」に対する〝弁明〟とは決してならないこと、あまりにも明らかだからである。

第一、「わたしたちの世代の『負債』を未来の世代に押しつけない」という、一見〝麗しい〟現政治家たちの「主張」とも、全く相反するものではないだろうか。

五

今日（二〇一一年十月二十二日）、午前九～十時のテレビ（テレビ朝日）でも、第一野党の党首が主張していた。

「現在の電力の三十パーセントは原子力です。風力発電等は一パーセントにすぎない。この現実から見れば、原発によるエネルギーを否定することは、口では言うはやすくても、実際はできない。」と。

その通りだ。「現状」を〝追認〟することを判断の「出発点」とする限り、その主張は正しい。その正しい判断のもとで、この数十年「原発エネルギーの推進路線」がとられてきた。そして今年の「三・一一」を招いたのである。あの、半年余り前の「三・一一」から現在までに、原子力に関する科学力は、格段に進歩したか、——「否（ノウ）」だ。

「世界最高水準の原子力技術」のもとに、海外（ベトナムなど）にも「日本の原発施設」を「輸出」すると言うけれど、この半年余りの間に日本はそのような「最高水準の技術」に到達できたのか——「否

（ノウ）」だ。

全てはリップサービスの類だ。そのように、世界の「厳しい目」を持つ人々は、皆とっくに見抜いているのではあるまいか。〝見抜かれている〟と気付いていないのは、それを「口にする」政治家たちや、各国の利権関係者だけであろう。この点あえて直言させていただきたい。(4)

六

わたしの立場、それは次のようだ。

第一は「十九世紀の終わりから、二十一世紀の現在まで、確かに人類は『放射能』という、それまで未知だった要素（分子、原子、中間子等）を発見した。そして、その『工業化』に成功し、原子爆弾、水素爆弾、そして原子力発電等の技術を生み出した。しかし、その害毒面（廃棄物等）の処理は『未解決』のまま、残されている。」

第二は「にもかかわらず、二千発以上の原水爆が製造され、貯蔵されている。さらに莫大な『原子炉』が〝発電〟用に増産されている。すなわち、地球自体の『汚染』は莫大なものとなり、さらに『日夜』増発されつつある（たとえば、中国など、急増中とされている）。」

第三は「米・ロ・中国等の、いかなる『近代国家』にもこのような『地球汚染』をなしうる〝資格〟はない。なぜなら『近代国家』の〝寿命〟は短期間だ。到底『数十万年』はおろか、『数千年』や『数百年』にも〝及び〟えない、地球の全歴史の中の『一時期』の存在にすぎないからである。」

第四は「従って、現代（二十一世紀）における、一国家（たとえば、日本）の一地域（たとえば、山口県上関《かみのせき》など）の現住民の『多数決』で〝決す〟べきテーマではない。なぜなら、彼等は（それがたとえ、現代日本の全国民の『多数』であっても）『地球の全歴史の全住民』から見れば『絶対少数』者にすぎないからである。」

第五は「人間以外の、他の生物に対する『責任』だ。フクシマでも見られたように、犬や猫や牛や馬やペリカンや、他の生物は『放射能汚染』の中で死んでゆく。彼等は一回も『人間の多数決』に参加したことがない。『人間の多数決』で彼等を『汚染』できる、と考えるならば、それは『人間の傲慢』にすぎない。」

第六は「天地と大自然の汚染である。人間が天地や大自然を生み出したのではない。逆だ。天地や大自然が人間を生み出したのである。真の『恩人』とは、人間の方ではなく、天地と大自然の方である。『生みの親』だ。その真の『大恩人』に対して、『自分たちの多数決』で、自在に〝左右〟できる、と思うのは、明らかに、『人間のおごり』だ。『背信』である。『多数決原理』のもつ、本来の『分（ぶん）』をわきまえぬものである。」

以上だ。それ故、単純に、

「原子爆弾や水素爆弾、そして原子力発電の完全追放を、（国連理事国をはじめとする）各国に対して悪びれず、日本が要求し通す。」

これが日本の責務である。「ヒロシマとナガサキとフクシマ」を経験した、地球上唯一の国家、日本の主張を「嘲笑《わら》う」ことのできる国家は地球上には、全く存在しない。日本国の未来は「地球上、真に超一流の国家」以外にない。それが「我が日本の責務」としての、唯一の辿るべきコースなのである。

最後に言う。「地球を『死球』（死んだ地球）にしてはならない。『生球』（生き生きした地球）とせねばならぬ。」と。

以上がわたしの「生球論」である。

注

（1）京都版（七面）オピニオン。

（2）「何故政治に関心がないか——原発全廃論をめぐって」「閑中月記」第七十一回、「国破れて原発残る」「学問論」第二十七回参照。

（3）幌延町側の提供資料。〈補〉参照。

（4）昭和三十年代には、わが国のエネルギーの大部分を占めていた「石炭」が「石油」へと急転換された。その後「石油」時代から「原発」増進の三〇パーセント時代へと向かったのであった。

補

関係資料送付として「幌延町総務課企画振興グループ主査植村美佐子」として次のように記されている。

「幌延深地層研究センターは、日本原子力研究開発機構と北海道、幌延町の間で締結した三者協定において、放射性廃棄物を持ち込まない、使用しない、最終処分をしないとしております。」

そして参考として「日本原子力研究開発機構幌延深地層研究センター」のパンフレットと「町勢要覧」（二〇〇三年度）が付されている。またさらに「幌延深地層研究計画」のパンフレットが付されている。その冒頭には「高レベル放射性廃棄物の地層処分技術に関する研究開発として、地層科学研究や地層処分研究開発を行います。」と書かれ、以下「調査・研究のテーマ」「調査研究の行程」「第一段階（地上からの調査研究）」「第二段階（坑道掘削時の調査研究）」「第三段階（地下施設での調査研究）」の各項に内面図等が付されている。

二〇一一年十月二十三日　記了

（「学問論」第二九回、『東京古田会ニュース』第一四一号）

編集にあたって

古田武彦と古代史を研究する会 編集担当　平松　健

第一巻や第二巻を読まれた方には、古田武彦先生は、まさに「知の巨人」であるというイメージを持って頂いたと思いますが、文字通り、古今東西を問わず、歴史、政治、宗教、哲学、文学に到るまで、くまなく研究している大思想家であると言って過言ではないと思います。

第三巻は今までと若干趣を変え、主として現代のテーマに的を絞りました。「温故知新」という言葉がありますが、これは過去を正確に知り、理解してこそ、現代を知り、論じることができるということだと私は理解しています。古田先生は、故きを温ね、極めておられるからこそ、新しい問題を的確に把握し、我々の行くべき道を、指し示しておられます。本書では、現代をときめく評論家よりも、はるかに説得力のある思想を読み取って頂けると思います。逆に、現在において説得性があること自体、過去の問題に対しても古田説が正しいということを意味するものだと思います。

古田先生は、言ってみれば、現在のソクラテスであり、ガリレオだと思います。しかし残念にしてソクラテスもガリレオも当時の世間には受け入れられませんでした。ガリレオの地動説が、その当時、中には正しいと思っていた人がいたにしても、結局いろいろのしがらみから、否定されたと同じように、古田説が正しいと思いながら、いろいろのしがらみから、古田説が「なかった」ことにされている現在の姿は、大いに共通するところがあります。誠に憂うべきことです。

古田説が無視される最大の要因は、「邪馬壹国＝博多湾岸」ということではありません。その段階では、まだ世の学者は自説を曲げず、メシを食っていけます。最大の要因は七〇一年までは「九州王朝」が日本の支配者であったということです。これを認めると、日本のほとんどの学者の、今まで営々と築いてきた自分の地位が崩れ去ることになります。これは容易なことではありません。学者のみならず、その家族が路頭に迷えば、学者は、古田説を無視するしかないのです。

もう一つ古田説が無視される要因に「東日流外三郡誌《つがるそとさんぐんし》」があります。これは和田喜八郎による偽書であるのに、それを真書とするような古田説は根本から間違っているという説に通じます。二〇〇六年十一月十日の「寛政原本」の発見により、偽書説は完全に否定されました。にもかかわらず学界は完全にそれを無視しています。要するに偽書説のままでおれば、同時に古田説の否定にもなるから、自分たちの旧来の説は肯定されるという、全くの打算からです。

およそ、学者の世界ほど学問的でない所はないと言えましょう。弟子が師の説を否定すると、永久に師にはなれません。これは歴史学・考古学のみならずほとんどの学界でそうです。最も進んでいるはずの原子力の分野でさえそうです（本巻三〇九ページ以下参照）。そんなところに本当に学問の進歩があるでしょうか。

学問といえば、我々の生活に直結しているものに国語学があります。これも、ミネルヴァ書房の岩崎さんから教えて頂いた件ですが、感歎の「歎」という字が、辞書によって違うということです。そう言われてよく調べてみると、愛用している『広辞苑』でも『漢字源』でも「歎」の「偏」の頭が「くさかんむり（艹）」になっています。「感嘆」の「嘆」の旁（つくり）の方です。もう一方で、これも愛用している『学研漢和大辞典』や『辞林』ではちゃんと「歎」となっています。

若干の僻みかもしれませんが、私にはどうも岩波書店（『広辞苑』発行元）の驕りのように思えて仕方がありません。岩波文庫の『魏志倭人伝他三伝』には「会稽東治」を「会稽東冶」に書き換え、隋書「俀国伝」を「倭国伝」に書き換え、同じ俀国伝の中の「多利思北孤」は「多利思比孤」に書き換えております。『日本古典文学大系　古事記祝詞』では、原典では「弟」とあるものを「矛」と直していま す。恐ろしいのはそれがあたかも原典にあるかのようになってしまうことです。岩波書店や編集者が勝手に漢字を変えると、通常の読者は原典にもそうあると取ってしまうのです。

古田説の構築の基礎に、原典を勝手にいじらないということがあります。代表的な例が「壹」と「臺」です。すべての版本に「邪馬壹国」とあるものを、これでは「やまと」と読めない、「邪馬臺国」の誤りだとして、勝手に訂正するのが通常です。しかし古田説の手法は、原典にある「壹」や「臺」のすべて、文字通り「すべて」の用例を摘出して、検討を加えることです。そうすると、勝手に訂正することが誤りであることが分かります。しかしそうなると、従来説の否定になるので、学者は、古田説を「シカト」することになります。

古田先生が常に言われるのは、孔子の「朝に道を聞けば、夕べに死すとも可なり」です。同時に「過てば則ち改むるに憚ること勿かれ」です。世の中のすべての学者が堂々と意見を変える、そうすると、皆が、かえってその学者を信頼する、そういうような世界が一日も早く来ることを期待しております。

古田武彦・歴史への探究

①俾弥呼《ひみか》の真実

四六判三七八頁
本体三〇〇〇円

②史料批判のまなざし

四六判三七二頁
本体三〇〇〇円

③現代を読み解く歴史観

四六判三六二頁
本体三〇〇〇円

刊行のことば——「古田武彦・古代史コレクション」に寄せて

いま、なぜ古田武彦なのか——

古田武彦の古代史探究への歩みは、論文「邪馬壹国」(『史学雑誌』七八巻九号、一九六九年)から始まった。その後の『「邪馬台国」はなかった』(一九七一年)『失われた九州王朝』(一九七三年)『盗まれた神話』(一九七五年)の初期三部作と併せ、当時の「邪馬台国論争」に大きな一石を投じた。〈今まで「邪馬台国」という言葉を聞いてきた人よ。この本を読んだあとは、「邪馬一国」と書いてほしい。しゃべってほしい。…〉(『「邪馬台国」はなかった』文庫版によせて)という言葉が象徴するように、氏の理論の眼目「邪馬一国論」はそれまでの定説を根底からくつがえすものであった。

しかも、女王の都するところ「博多湾岸と周辺部」という、近畿説・九州説いずれの立場にもなかった所在地は、学界のみならず、一般の多くの古代史ファンにも新鮮な驚きと強烈な衝撃を与えたのである。

こうして古田説の登場によって、それまでの邪馬台国論争は、新たな段階に入ったかに思われた。

古田説とは、⑴従来の古代史学の方法論のあやうさへの問い、⑵定説をめぐるタブーへのあくなき挑戦、⑶真実に対する真摯な取り組み、⑷大胆な仮説とその論証の手堅さ、を中核とし、我田引水と牽強付会に終始する従来の学説と無縁であることは、今日まで続々と発表されてきた諸著作をひもとけば明らかであろう。古田氏によって、邪馬台国「論争」は乗り越えられたのである。しかし、氏の提起する根元的な問いかけの数々に、学界はまともに応えてきたとはいいがたい。

われわれは、改めて問う。古田氏を抜きにして、論争は成立しうるのか。今までの、古田説があたかも存在しないかのような学界のあり方や論争の進め方は、科学としての古代史を標榜する限り公正ではなかろう。

ここにわれわれは、古田史学のこれまでの諸成果を「古田武彦・古代史コレクション」として順次復刊刊行し、大方の読者にその正否をゆだねたいと思う。そして名実ともに大いなる「論争」が起こりきたらんことを切望する次第である。

二〇一〇年一月

ミネルヴァ書房

古田武彦・歴史への探究③
現代を読み解く歴史観

2013年4月30日　初版第1刷発行　〈検印省略〉

定価はカバーに
表示しています

著　者　古　田　武　彦
発行者　杉　田　啓　三
印刷者　江　戸　宏　介

発行所　株式会社　ミネルヴァ書房
607-8494 京都市山科区日ノ岡堤谷町1
電話代表 (075)581-5191
振替口座 01020-0-8076

共同印刷工業・兼文堂

ISBN978-4-623-06494-6
Printed in Japan

《著者紹介》

古田武彦（ふるた・たけひこ）

1926年　福島県生まれ。

旧制広島高校を経て，東北大学法文学部日本思想史科において村岡典嗣に学ぶ。

長野県立松本深志高校教諭，神戸森高校講師，神戸市立湊川高校，京都市立洛陽高校教諭を経て，
1980年　龍谷大学講師。

1984～96年　昭和薬科大学教授。

著　作　『「邪馬台国」はなかった――解読された倭人伝の謎』朝日新聞社，1971年（朝日文庫，1992年）。

『失われた九州王朝――天皇家以前の古代史』朝日新聞社，1973年（朝日文庫，1993年）。

『盗まれた神話――記・紀の秘密』朝日新聞社，1975年（朝日文庫，1993年）（角川文庫，所収）。

『古田武彦著作集　親鸞・思想史研究編』全3巻，明石書店，2002年。

『古田武彦・古代史コレクション』ミネルヴァ書房，2010年～。

『俾弥呼――鬼道に事え，見る有る者少なし』ミネルヴァ書房，2011年，ほか多数。

《編者紹介》

古田武彦と古代史を研究する会（略称・東京古田会）

1982年　発足。初代会長西谷日出夫（1982～83年），二代会長山本真之助（1984～93年），三代会長藤沢徹（1993年～現在）。
主な活動　会報隔月発行（1985年に第1号，2013年1月現在第148号）。
研究会（月1回）・読書会（月1回）・研修旅行（年2回程度）。
ホームページ：http://tokyo-furutakai.jp/
書籍発行等　『まぼろしの祝詞誕生』編集（新泉社，1988年）。
十周年記念論文集『神武歌謡は生きかえった』編集（新泉社，1992年）。
『古田武彦と「百問百答」』編集・発行（2006年）。
『東京古田会ニュース』第1号から第125号までDVDとして収録頒布（2009年）。

人名索引

あ 行

か 行

さ　行

た　行

な　行

は　行

ま　行

や　行

ら・わ行

事項索引

た　行

な　行

は　行

ま　行

や　行

ら　行

わ　行

地 名 索 引